글로벌 지식·정보화시대의 비서·사무직을 위한

비서실무 Workbook

한올출판사

머리말

오늘날 현대사회는 정보화, 세계화, 전문화되어가는 추세에 있으며, 따라서 비서에게 요구되고 있는 역할 역시 과거 보다 더욱 전문적이고 복합적이며 실천지향적인 역할이 기대되고 있다. 더욱이 비서직 자체에 대한 수요 또한 급팽창하고 있어, 이제는 대기업뿐만 아니라 중소기업, 전문직종 사업장, 공공기관 등 여러 곳에서 비서의 전문성을 인식하고 그 필요성을 절감하여 비서학과 졸업생을 채용하고자 하는 추세가 널리 확산되고 있는 것을 볼 때 비서교육의 중요성을 다시 한번 절감하지 않을 수 없다.

그러나 우리 모두가 느끼는 것처럼 업무의 영역이나 주어지는 역할 등이 일정한 범주에 국한될 수 없는 비서직의 특성을 고려할 때, 유능한 비서를 교육하거나 유능한 비서가 되는 것은 매우 어려운 일이다. 특히 급변하는 사회속에서 맡은 바 역할을 빠른 시일 내에 성공적으로 수행하기 위하여는 비서직 현장에 진출하기 전에 이미 어느 정도의 실무수행능력, 문제해결능력, 상황 판단력, 적응력 등을 갖출 것이 절대적으로 요구되고 있다. 학문으로서 배운 비서라는 개념에 대한 이해를 높이고 이를 실천력, 응용력으로 연결시킴으로써 전문지식에 더하여 그야말로 창조적인 실천력을 가진 비서로서 탄생되어야 하는 것이다.

필자는 이러한 시대적 요청에 조금이라도 기여하고자 하는 마음에서 본서를 준비하게 되었다. 본서는 비서학개론과 비서실무 이론을 학습한 학생들이 그 다음 단계로 배운 이론들을 실제 실행에 옮겨보고 비서업무 진행상황을 간접 체험할 수 있도록 하였다. 각 비서 업무 영역별로 실제로 상사가 비서에게 지시한 것을 실행에 옮겨보는 형태로 실무수행 능력을 배양하고 현실상황에 적합한 전문지식과 기능의 완성을 돕도록 하였다.

실제 산업현장에서의 적용 및 활용이 가장 중요한 비서교육의 특성을 고려할 때 본서가 학생들로 하여금 이러한 능력배양에 조금이라도 도움이 된다면 더없는 보람이 될 것이다.

부족한 필자의 식견과 경험으로 아직 많은 부분에 있어 미흡함을 인정하지 않을 수 없다. 그러나 앞으로 더욱 연구하고 조사하여 계속 보완할 것을 기약하며 그동안 본서를 준비하는데 많은 도움을 주신 여러분들께 진심으로 감사를 드리는 바이다. 비서교육에 남다른 관심과 열정을 가지고 이끌어 주시는 대림대학 제갈정웅 총장님과 이정국 이사장님, 그리고 본서를 발간하도록 격려와 조언을 아끼지 않으시고 실습지도에서 비롯된 다양한 사례를 제공해 주신 비서행정과 여러 교수님들께 깊이 감사드린다. 각 분야의 산업체에 근무하면서 바쁘신 중에도 귀중한 사례를 제공해주신 여러분들께도 더할 수 없는 감사를 드린다. 또한 상황 이해에 도움이 될 좋은 삽화를 그려준 제자 박선하와 한국외국어대학교 재학 중인 조지영에게 진심으로 감사하는 바이다. 끝으로 본서의 출간을 쾌히 승낙해주신 한올출판사 임순재 사장님과 복잡한 원고정리를 위해 애써주신 편집부 여러분에게 진심으로 감사드리는 바이다.

2010년 2월 저자 씀.

CONTENTS

1 전화관련 업무

2 내방객 응대 업무

CONTENTS

3 일정 관리 업무

4 회의 관련 업무

5 출장 관련 업무

CONTENTS

CONTENTS

CONTENTS

9 네트워크 관리 및 총무 업무

1 전화관련 업무

SUMMARY

Summary

전화관련 업무

1 전화는 보이지 않는 얼굴

타인이 대신할 수 없음

회사의 이미지 좌우

한번 실수는 되돌리기가 어려워

전화 커뮤니케이션은 매우 중요한 기술

목소리는 당신을 다음과 같이 전달해야 합니다!

- 프로답게
- 공손하게
- 도움이 되도록
- 정중하게
- 친절하게
- 이해하기 쉽게

2 핸드폰 사용 시 지켜야 할 에티켓

- 사적인 전화는 짧게, 목소리는 작게
- 공공장소에서의 핸드폰 사용 자제
- 상대방의 통화 가능 여부 확인, 특히 상사께 전화할 때 사전에 상사의 근황 파악 후 전화 시도할 것
- 통화가 안 되는 경우 시간을 둔 후 다시 시도
- 잘못 건 경우 핸드폰이라 해도 사과의 말을 할 것
- 마주보고 이야기하는 마음으로 통화
- 정확한 전화번호와 상대방 확인 후 통화 또는 문자 발송

3 상사 전화업무 수행의 Key Point!

- 내 상사는 본인에게 온 전화를 모두 받는가?
- 상사와 자주 전화 통화를 하는 사람들은 누구인가?
- 전화가 왔을 때 상사는 어떻게 알리는 것을 선호하는가?
- 전화 연결 전에 비서가 용건을 알려 주길 바라는가?
- 용건을 여쭈어 보지 않고 연결해도 되는 사람은 누구?
- 통화를 원하지 않는 전화인 경우 상사는 비서가 어떻게 응대하기를 원하는가?

4 올바른 전화예절은?

1) 올바른 전화예절

- 미소와 함께하는 친절한 응대
- 언제나 통화 중에 메모 가능하도록 전화기 옆에 펜과 메모지 구비
- 자신의 말이 상대방에게 잘 들리도록 말하고, 전화통화 중 상대방 말에 경청할 것
- 자신의 소속과 이름을 먼저 밝히고 상대방을 확인
- 대리로 전화를 걸 때는 "OOO의 비서 OOO입니다"라고 자기소개를 한 뒤 대화를 시작
- 보이지 않지만 전화를 받고 있는 자신의 기분이 상대방에게 전달됨을 기억함

전화 스크린이란?

전화를 건 상대방의 소속과 이름, 용건을 확인하여 상사에게 전화연결 여부를 선별하는 것

☞ 상사가 자주 통화를 하는 사람들의 목소리를 기억하도록

2) 상사에게 전화 연결할 때 상대방 비서에게

- 상대방이 상사보다 직급이 높을 경우: "제가 먼저 연결 하겠습니다"
- 상대방이 상사보다 직급이 낮을 경우: "먼저 연결해 주십시오"
- 상대방과 상사의 직급이 동일한 경우: "함께 여쭈어 드려요"

5 예기치 못한 상황들…

- 전화가 중간에 끊어지는 경우
- 상사가 통화중일 때 걸려오는 전화
- 상사가 통화중일 때 메모를 넣어드려야 하는 경우
- 담당자에게 전화를 돌릴 때 끊어지는 경우
- 비서가 통화 중 다른 전화가 걸려오는 경우
- 비서가 방문객을 맞이하는 순간에 걸려오는 경우

6 매우 유용한 메모의 습관화 및 관리요령

- 숫자는 정확히 기입하고 메모한 사항들은 정보가 유출되지 않도록 주의
- 처음 받아 적은 메모지는 정확히 옮겨 적고 하루 정도 보관 후에 버릴 것
- 상사가 회의 중인 경우나 손님과 함께 하는 경우 보고사항은 메모지에 작성하여 전달
- 회의 중 전달되는 메모지는 간단하고 명확하여 상사가 이해하기 쉽게 작성
- 상사가 메모지에 작성해 주는 지시사항은 바로 수행하고, 메모지는 당분간 보관
- 메모를 전달할 경우 상사가 의문을 갖지 않도록 명확히 내용은 파악할 것

메모 요령

▶ 전화를 건 사람의 이름과 소속 (회사명, 부서명, 직책명)
▶ 전화 받은 날짜와 시간
▶ 용건/긴급여부
▶ 상대방 전화번호
▶ 회신의 필요성 여부

1-1 거래처 실무자와의 전화연결

상사가 비서에게 서울에 위치한 관련 거래처 안대현 대리에게 전화 연결을 하라고 하였다. 비서는 MS 아웃룩을 이용하여 안대현 대리 번호를 검색하여 자사가 경기도이고 거래처가 서울인 것을 고려해 지역번호 02를 누르고 전화를 걸었다.

전화내용은 다음과 같다.

비 서 : "안녕하세요. 대림건설 고영구 사장실입니다."
"안대현씨와 통화하길 원하는데 자리에 계십니까?"

대림건설 : "예, 잠시만요."

안 대 현 : "예, 안대현입니다."

연구문제

1 이 대화내용을 보다 더 적절하게 수정하시오.

1-2 상대방의 정확한 파악

비서가 업무를 보고 있는데 전화가 와서 전화를 받았다. 상사를 찾는 전화였다.

비서는 상사에게 "○○회사의 최철수 사장님입니다." 하고 상사께 전화연결을 해드렸다. 상사가 전화통화를 다 끝내시더니 비서에게 전화하신 분이 정확히 누군지 알고 받았냐고 말씀을 하셨다. 상사는 비서 말을 듣고 전화통화를 했는데 비서가 말씀드린 분은 상사가 모르는 사람이었다. 비서가 전화연결을 하는 바람에 통화를 하신 상사는 그분과 통화를 하면서 최철수가 아니라 최진수 사장이라는 것을 알게 되었다.

연구 문제

1. 비서가 전화 연결을 하면서 개선해야 할 점을 제시하시오.

2. 다른 사람으로 잘못 알고 전화를 응대할 경우 발생할 수 있는 문제점을 생각해보자.

1-3 메모 남기기

이은영씨는 경인산업 박 지수 부사장의 비서로 근무하고 있다. 3월 7일 오전 10시15분경 상사는 회의 중인데 거래처인 '지연상사 김 지연 사장'으로 부터 전화가 걸려왔다. 상사가 회의 중이라고 말하였더니 좀 급한 일이니 메모를 하여 전해달라고 하시면서 "오늘 저녁에 같이 만나 저녁 식사하기로한 인천가스의 박 회장님이 개인적인 사정으로 오늘 저녁에 시간을 낼 수 없게 되었는데 저녁 약속을 취소 할 것인지 그렇지 않으면 박 회장을 제외한 두 사람만 그대로 만날 것인지 곧바로 회답을 달라"고 하셨다.

이은영씨가 이 내용을 상사인 박부사장께 전달하기 위한 메모를 아래의 메모지에 실제로 작성해 보라.

전화 왔었습니다

__________께

__________의 __________로부터

전화받은이:

날짜: 시간: 오전 __________

오후 __________

전화번호:

□ 전화바랍니다 __________

□ 안부전화 □ 다시 전화하겠답니다

□ 급한용건 □ 만나뵙고 싶답니다

□ 근처에 왔다가 들르셨답니다

메시지

____

____

____

____

____

____

____

1-4 걸려오는 전화의 선별

상사가 안 계신 동안 '○○ 장애인 작업장'이란 곳에서 전화가 왔다. 지난해에 상사께서 장애인 단체를 후원하는 뜻에서 그 작업장에서 생산하는 물품을 홍보물로 구입해 주셨는데, "올해에도 구입해 주신다"고 했다면서 전화통화를 원했다. 그 말을 그대로 믿은 비서는 상사가 오신 후에 다시 그 전화가 오자 상사께 연결해 드렸다. 전화를 받고나서 상사는 왜 전화를 연결했느냐고 비서를 꾸짖었다.

연구문제

1. 위 경우에 왜 상사가 비서를 꾸짖었는지 지적하시오. 이러한 경우 비서의 바람직한 처리방법을 제시해보자.

1-5 FAX 겸용 전화기 사용 시 유의사항

유 교수 연구실의 사무기기는 FAX와 전화기가 둘 다 되는 복합기이다. 그래서 FAX를 사용하려면 복합기를 FAX 수신모드로 바꿔야 한다. 어느 날 유 교수가 실습생에게 다른 교수에게 FAX를 보내라고 지시했다. 실습생은 복합기를 FAX 수신모드로 바꾼 후 FAX를 보내었다. 그리고 몇 분 후 교수가 실습생 휴대폰으로 전화하여 연구실에 전화가 안된다고 하면서 화를 내었다.

연구문제

1. 실습생이 잘못한 점은 무엇인가? 이러한 여건에서 유의할 점을 생각해보자.

1-6 메시지 전달(1)

✔ 다음의 상황에서 실제로 전화 메시지를 전달하는 어구를 작성하시오.

1. 회장님이 회의 중인데 오전 11시쯤 부인이 전화하여서 회의 중이라고 말씀드렸더니 그렇다면 바꿀 필요는 없고 다음과 같은 내용의 말씀만 전해달라고 하였다.

부인 : 지금 나는 병원에 막 도착해서 차를 회사로 보냈고, 오후 4시까지 정훈이(아들) 학교에 가서 정훈이 데리고 5시까지 다시 병원으로 오게 해달라고 전해주세요.

이 내용을 비서가 상사인 회장에게 전달하는 어구:

비서 :

____

____

____

____

2. 영국에서 사시는 사장님의 누님과 자형(정 박사)이 오랫만에 귀국하여 부암동에 있는 부모님 댁에 와계시면서 오후 2시 30분경 전화하였다가 통화를 못해서 메시지를 전해달라고 하시면서

누님 : 나는 지금은 부암동에 있고 남편은 친구와 약속이 있어 나가셨고 숙소는 Hilton Hotel 2316호이니 저녁식사 후에는 그리로 연락하도록 전해주세요.

라고 하였을 때 비서가 상사에게 전달하는 어구:

비서 :

1-7 메시지 전달(2)

부사장인 상사가 출장 중에 상사와 매우 절친한 박이사로부터 전화가 와서 상사가 귀국한 직후인 8월 26일에 저녁식사를 같이하고 싶다고 하셨다. 일정표를 확인해 보니 그날 아무 일정도 잡혀있지 않았다. 더욱이 박이사라면 상사가 좋아하는 분이라서 약속을 받아도 좋을 것 같았다.

이때 비서로서 박이사에게 어떻게 대답해야 하는지 그 어구를 작성하라.

비서 :

____

____

____

그러나 막상 상사가 출장에서 돌아오신 후 확인해 보니 상사는 귀국길에 비행기에서 마침 옆자리에 같이 앉아온 거래처의 오사장과 이미 그 날 저녁 약속을 했다는 것이었다. 상사와 의논하니 그것은 상대가 거래처이기도 하거니와 그 분과 상사가 직접 약속한 상황이라 취소하기가 어렵다고 하므로 비서가 만들어 놓은 박이사와의 약속을 부득이 조정하지 않으면 안되게 된 것이다. 이때 어떻게 하는 것이 박이사에게 가급적 덜 불쾌하게 하는 것이며, 이러한 내용을 박이사에게 전달하는 어구를 작성하시오.

비서 :

____

____

____

연구문제

1. 상사가 부재중일 때 약속을 받을 경우 주의해야 할 점은 무엇일까?

1-8 전화 응대시의 주의할 점

아래의 전화응대 내용을 읽고 잘못된 곳을 찾아 보다 적절한 형태로 고치시오.

1. 상사가 외출 중이다. 작년에 회의를 한 번 했던 적이 있는 사람이 전화를 하여 상사가 외출 중이라고 말씀드리자 급한 일이니 휴대전화 번호를 알려달라고 하신다. 다소 꺼림칙했으나 급하고 중요한 용건이라고 하여 휴대전화 번호를 알려드리면서 상사가 4시에 회의가 끝나므로 그 이후에 전화를 드리라고 하였다.

2. 상사인 윤회장이 외출 중에 그의 친구인 일진 김사장으로부터 전화가 왔다. 김사장은 윤회장과 연락이 되는대로 자기에게 전화해 달라고 전해달라고 하면서 연락처는 윤회장이 알고 있을 거라고 하였다. 따라서 비서는 전화메모를 작성하면서 전화번호 난은 그대로 빈칸으로 남겨 놓았다. 잠시 후 비서가 다른 부서에 볼 일을 보러 간 사이에 윤회장이 그동안 별 일 없었는지 전화하여서 옆자리의 비서가 전화를 받아 김사장의 메모를 전하기는 하였으나 메모지에는 전화번호가 적혀있지 않아 전하지 못했다.

3. 동부전자 오부사장이 전화하여 상사인 사장과 통화하고 싶다고 하셨는데 점심 드시러 가시고 안 계셨기 때문에 '사장님께서는 유유상사의 최사장님과 점심 약속이 있어서 외출하셔서 안 계십니다'라고 하였다.

4. 상사인 최사장은 비서에게 지난 주에 받은 비즈니스 proposal에 관하여 M사의 김사장과 통화를 해야겠으니 전화를 연결해 달라고 하였다. M사에 전화하니 마침 김사장이 자리에 있어서 곧바로 연결할 수 있었다. 얼마 후 최사장은 비서에게 인터폰으로 M사가 제출한 proposal을 가져오라고 하였다.

1-9 행사 일정 확인

김천에너지 주식회사의 사장 비서가 2일 후 3월 16일 오후 2시에 한국에너지협회 대회의실에서 개최되기로 예정되어 있는 한국에너지협회 회원사 사장단 회의 일정에 대하여 전화로 재확인하는 과정과 이 결과를 상사인 사장님께 보고 드리는 대 화를 작성해 보자.

연구문제

1 한국에너지협회에 행사 일정을 재확인하는 전화 내용

협회 비서 : 감사합니다. 한국에너지협회입니다.

김천에너지 사장 비서 : ______________________________

____

협회비서 : ______________________________

____

김천에너지 사장 비서 : ______________________________

____

협회비서 : ______________________________

____

2 위의 확인결과를 상사께 보고 드리는 것

(비서가 사장실에 인터폰 한다.)

비서 : 사장님. 김비서입니다.

사장 : 무슨 일이죠?

비서 : ______________________________

사장 : ______________________________

비서 : ______________________________

____

사장 : 알겠어요.

3 제3자와 확인사항을 상사께 보고시에 유의할 점을 생각해보자.

4 위의 대화 내용을 2인 1조로 실제로 실행에 옮기고 보완해야 할 사항을 지적하시오.

1-10 상대방의 입장을 고려한 전화 연결 업무

D대학 비서과의 김교수님 연구실에 교수님께서 안 계신 동안 H상사에서 선임비서로 근무하시면서 겸임 교수로 강의 나오시는 박은영 교수님께서 전화하셨다. 교수님께서 안계시다고 말씀드렸더니 교수님 오시면 전화를 해 달라고 하셨다.

얼마 후 교수님께서 돌아오셔서 이 전화 메모를 전달해 드렸더니 박교수님께 전화하여 연결해 달라고 하셨다.

연구문제

1 박은영 교수님의 전화 내용을 전달하는 전화 메모를 작성해 보자.

전화 왔었습니다

____________께
____________의 ____________로부터

전화받은이:
날짜: 시간: 오전 ____________
오후 ____________
전화번호:

□ 전화바랍니다 ____________
□ 안부전화 □ 다시 전화하겠답니다
□ 급한용건 □ 만나뵙고 싶답니다
□ 근처에 왔다가 들르셨답니다

메시지

____
____
____
____

2 김교수님의 지시대로 H상사에 전화하여 박은영 교수님을 김교수님께 연결해 드리기까지 전화 대화 내용을 주어진 상황을 충분히 고려하여 순서에 따라 작성해 보자.

접 수 부 : 감사합니다. H상사입니다.

실 습 생 : ______________________ 좀 부탁드립니다.

접 수 부 : 잠시 기다리십시오. 연결해 드리겠습니다.

박은영 교수 : 감사합니다. 박은영입니다.

실 습 생 : 안녕하세요 ______________________________

____

____

(김교수님을 향하여) 박은영 교수님 나오셨습니다.

3 위와 같은 전화 연결 시 유의할 사항을 정리해 보자.

참고

겸임 교수란 대학의 학생들에게 산업 현장 감각을 불어 넣어 주기 위해 현재 산업체에서 밀접하게 관련된 분야에서 근무하시는 분들을 교수로 초빙하여 현장감 있는 강의를 받을 수 있게 하기 위한 제도임.

1-11 국제 전화

1. 국제 전화 연결 방법

상사는 홍콩에 있는 거래처에 전화를 걸어달라고 하였다. 전화번호는 467-8015이고 지역번호는 798이다. 이런 경우 국제 전화를 연결하는 방법에는 어떠한 방법이 있으며 각기 그 경우에 눌러야 할 숫자를 차례로 적으시오.

①

②

2. 지점망 간의 국제 전화 연결

세계 각지에 지점망을 가지고 있는 기업들이 주로 빈번히 전화 연락을 주고받는 곳에 대해 보다 편리하게 국제전화를 할 수 있는 방법에는 어떠한 것이 있나 조사해 보자.

①

②

③

3. 국제 전화 부가 서비스

국제 전화 사용이 많은 다국적 기업에서 근무하고 있다고 가정하고 국제 전화 요금을 절감할 수 있는 방안에는 어떠한 것이 있는지 알아보자.

①

②

③

4. 국제 전화회의 서비스

다국적 기업인 A사의 K사장은 업무상 중요한 사항을 협의하여 확정짓기 위해 뉴욕, 동경, 런던, 홍콩 등의 책임자들과 같이 회의를 열어야 할 형편이었다. 그러나 한 곳에 모여 협의하기에는 시간상으로도 문제가 있었다. 따라서 국제 전화회의(Conference call) 서비스 제도를 활용하기로 하였다. 이를 활용하기 위한 구체적 방법을 알아보자.

연구문제

1 다음과 같은 전화회의를 알리는 팩시밀리를 받았을 때 해야 할 일을 차례로 열거해 보자.

①

②

③

참고

외국에서는 이러한 전화를 통한 회의를 하고자 할 경우 미리 전화국에서 전화회의를 위한 전화번호를 부여받아 회의 시간과 전화번호(meet-me-number)를 회의 참가자 전원에게 미리 알려주면, 각 참가자들이 정해진 시간에 그 번호로 전화를 걸면 다수의 참여자들이 동시에 그 번호로 통화가 가능해져 회의를 진행하게 된다.

ABL CORP.

To : J. H. Yoo, Seoul
Joe Mason, New York
Janice Bradford, Tokyo
Gorden Casey, Hong Kong
David Larson, London

From : Mark Green
Fax : (212)298-4567 Tel : (212)298-4566

Date : Mar. 8. 2010

Subject : Conference Call / Marketing Strategy

Message :

We are planning to have a conference call on Mar. 13, 2010 at 10:00 A.M.(New York Time).

Our Meet-me-number is (212)298-3355.

Please call me to confirm your schedule.

Best regards,

전화회의를 알리는 팩시밀리

2 내방객 응대 업무

SUMMARY

내방객 응대 업무

1 기본적 준비사항

1) 상사의 기호 파악!

- 상사가 주로 만나는 분이 누구인가?
- 자주 방문하는 분들은 누구인가?
- 만나기를 꺼리는 분들은 누구인가?
- 사람들 만나는 것을 선호하는가?

2) 면담 노트

방문자 이름, 전화번호, 면담 목적, 소요시간, 필요 자료

3) 면담 준비 사항

- 면담자 정보 파악(회사명, 직위)
- 관련 서류 준비
- 내방객을 위한 기념품, 소개책자 준비
- 면담 장소 확보
- 음료 준비

2 솔선수범으로 내방객 응대

1) 내방객 맞이

- 반가운 인사
- 친절하고 예의 바른 말투
- 외모로 손님을 판단하는 것은 NO!
- 정확한 호칭 사용
- 긍정적인 표현의 대화

2) 올바른 명함 예절과 소개 예절

- 가볍게 인사를 하면서 손바닥으로 정중하게 받은 후 상대방의 회사명, 성명, 직책 명으로 정확히 읽어 확인
- 명함에 낙서를 하거나 함부로 취급하지 말고 소중하게 관리하며 방문날짜와 인상착의 등을 기록
- 서로 소개하는 경우 직위가 낮은 사람을 먼저 윗사람에게 소개하고 젊은 사람을 연장자에게 소개
- 서양의 경우 일반적으로 남자를 여자에게 먼저 소개

3 내방객 판별은 신중하게…

- 내방객이 자신의 신분을 밝히지 않으려 해도 반드시 상사의 허락 후에 안내
- **감정이 격하여 방문한 내방객에게는 상대방의 입장을 잘 이해하고 있음을 표현하는 것이 중요**
- 상사 부재 시 선약되지 않은 손님이 오신 경우 보이지 않는 곳에서 상사에게 연락하고 명함은 반드시 받아 두어 내방객 카드에 기록
- 상사가 회의 중에 내방객이 있는 경우, 손님의 이름과 용건을 메모해 전달토록 함
- 동시에 두 사람 이상의 손님이 방문한 경우 반갑게 맞은 후에 약속된 손님을 먼저 안내하고 상호 관계를 고려하여 장소 배치

4 차는 내방객 기호에 맞게

- 자주 방문하는 손님이나 임원진의 기호를 파악, 기록하여 둠
- 차의 기호를 잘 아는 손님의 경우 미리 준비하여 신속히
- 중요한 손님 방문 시 살짝 상대방 비서에게 전화하여 음료의 취향을 알아 두는 센스
- 차를 낼 때는 흘리면 닦을 수 있도록 티슈를 준비
- 차를 낼 때는 살짝 노크한 뒤 2-3초 후에 들어가도록
- 면담이 길어지는 경우 음료나 시원한 생수를 다시 대접하는 것을 고려
- 차나 음료는 반드시 손님이 원하는 것으로
- 차를 낼 때는 지나치게 높은 구두는 피하고 걸려 넘어지지 않도록 조심

2-1 대기중 내방객 응대 시 유의사항

내일 오전 주주총회 자료를 준비하느라 정미영 비서는 눈코 뜰 새 없이 바쁘다. 2시에 약속된 현대 상사의 민태수 사장님이 약속 시간보다 조금 일찍 방문을 하셨다. 상사는 지금 재무상무와 회의 중이어서 정비서는 민사장님을 소회의실로 안내하고 사장님 회의 마치시는 대로 말씀드리겠다고 했다. 그리고 자리로 돌아와서 다시 열심히 자료를 준비하고 있는데 민사장님이 기다리는 것이 생각이 났다. 시계를 보니 2시 25분이었다. 아차, 상사는 이미 오래 전에 재무상무와 면담을 마치고 집무실에서 업무를 보고 계셨다.

연구문제

1 이런 경우 비서의 올바른 행동 양식과 예방하기 위한 방법을 설명하시오.

2-2 차 접대

증권회사 지점장의 비서로 일하고 있는 B씨는 사무실에 어느 날 중요한 고객이라 할 수 있는 제일전자의 자금부 최과장과 박대리가 방문을 하였다. 지점장은 두 손님을 소파로 안내하고는 B씨에게 차를 준비해 달라고 부탁하였다. 부탁받은 대로 차를 준비해가지고 온 B씨는 차를 누구에게 먼저 놓아드려야 할 지 잠시 망설였다.

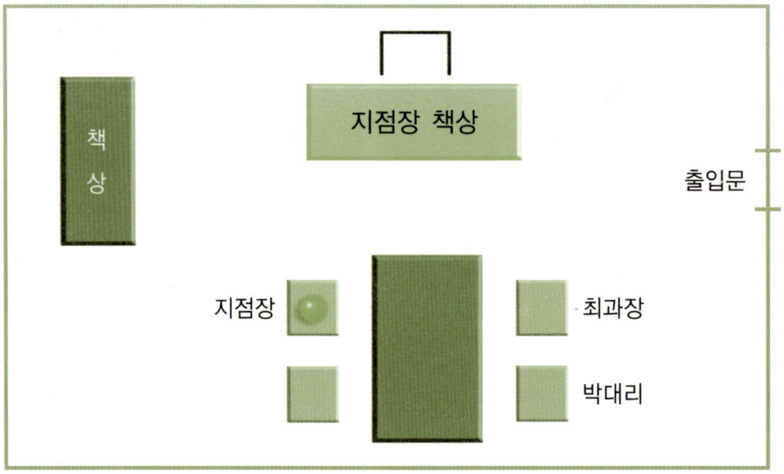

사무실 배치

연구문제

1. 차를 테이블에 놓는 순서를 생각해보자.

2. 만일 이 때 상담을 하기 위하여 지점장이 담당 과장을 배석시켰다면 순서는 어떻게 될까?

2-3 차 응대 시 유의사항

사무실의 구조상 비서의 자리가 상사의 사무실을 등지고 있어 내방객이 드나드는 것을 느끼지 못할 때가 있다. 어느날은 정신없이 일을 하다가 보니 상사인 국장님 실에서 이야기 소리가 나서 살짝 들여다보니 내방객 3분이 와계셨다. 들어가서 차 기호를 여쭐까하다가 너무 재미나게 말씀을 이어가고 계셔서 평소 국장님이 즐겨 드시는 녹차를 4잔 우려서 내갔다. 다행히 대화의 흐름에는 전혀 방해가 되지 않았지만 나중에 손님들이 가신 후 정리하러 들어가 보니 한분이 차를 한모금도 마시지 않으셨다.

연구문제

1. 이러한 경우 바람직한 차 응대 방법을 제시하시오.

2-4 내방객의 응대

영신상사에서 근무하는 비서 A씨는 외국에서 자료조사 및 인터뷰를 하기 위해 방문한 4분의 전문가들을 맞이하게 되었다. 평소 보통 한 번에 한 두 사람을 맞이하는 것이 통상적이었는데 한꺼번에 4분을 접하게 되니 누가 누구인지 정신이 하나도 없고 사람이름과 얼굴이 잘 연계가 되지 않았다. 이러한 경우 각기 사람얼굴과 이름을 실수 없이 정확하게 구분하기 위해서는 어떤 방법이 있는지 연구해 보자.

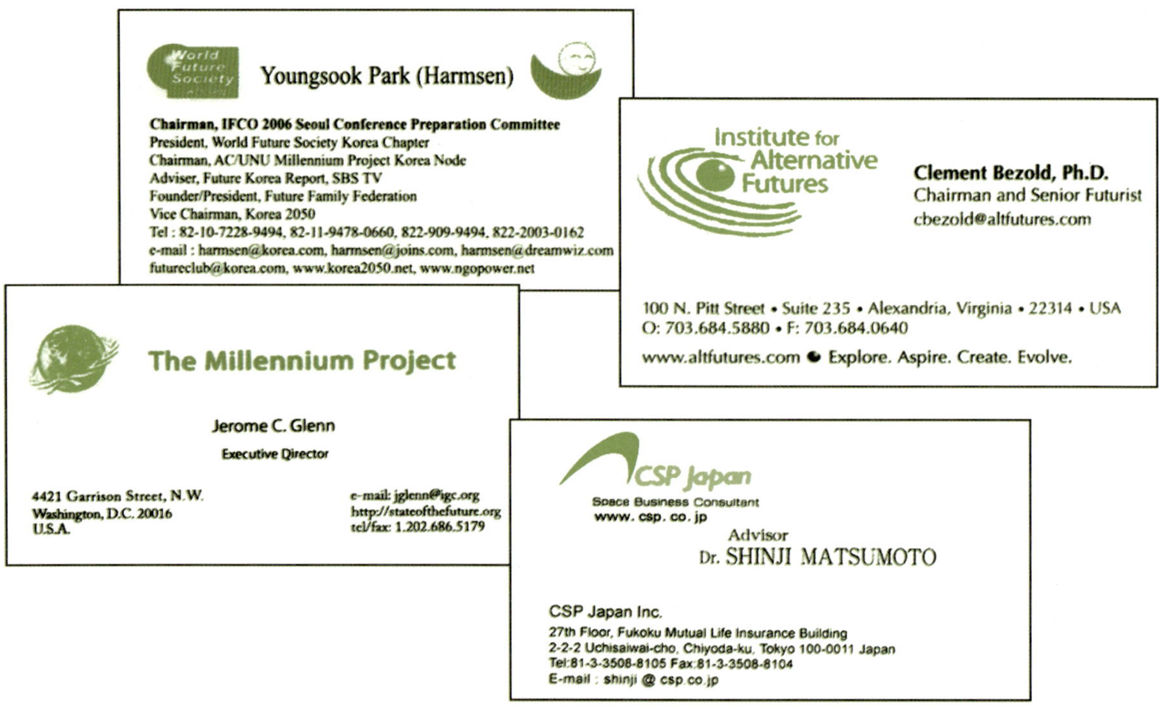

2-5 동시에 방문한 여러 팀의 내방객 응대

아래와 같이 상사는 오늘 오후 2시부터 3시 30까지 30분 간격으로 외부 거래처와 면담 약속이 되어 있다.

2 : 00 p.m.	A씨
2 : 30 p.m.	B씨
3 : 00 p.m.	C씨
3 : 30 p.m.	D씨

그런데 A씨와의 면담이 예상보다 길어져 2시 45분이 되도록 계속되고 있는데 B씨는 2시 25분부터 와서 소파에서 기다리고 계셨다. 2시 45분이 되어서는 C씨가 차가 예상보다 잘 빠져서 좀 일찍 도착했다면서 들어오셨다.

상사는 상사의 사무실에서 A씨와 면담중이고, 비서 책상 앞에 있는 소파는 한 세트이며, 옆에 별도로 회의실이 있는 정도이다.

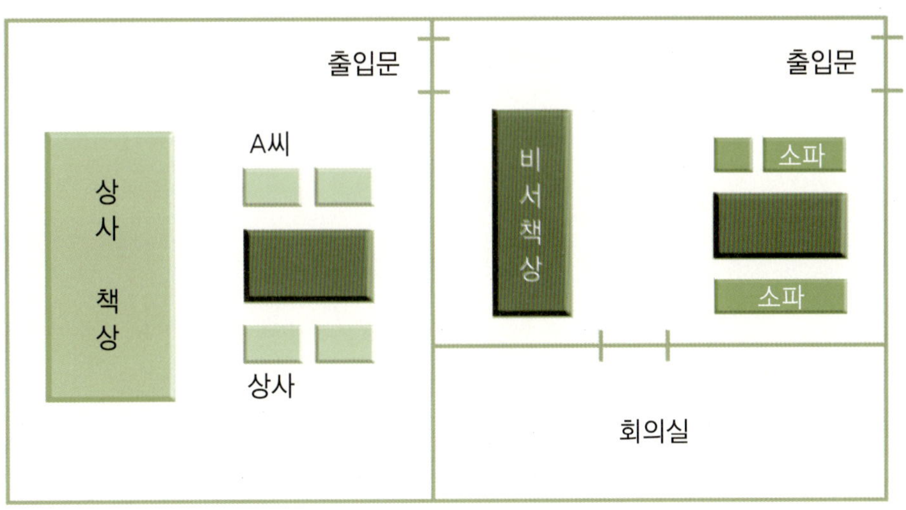

사무실 구조

연구문제

1. 이러한 경우 중복되게 방문하여 기다리고 있는 내방객을 어떻게 안내하고 접대하는 것이 좋을까?

2. 이것을 조를 편성하여 실행에 옮겨보자.

2-6 원하지 않는 내방객 응대

상사인 M사장은 비교적 누구나 잘 만나주는 편이다. 그런데 M사장이 만나기를 꺼려하는 K라는 딱 한 사람이 있다. 그는 M사장의 고교 동창생으로서 비록 고등학교는 같은 학교이지만 학교 다닐 때부터 성실하지 못하였고, 그 후에도 줄 곧 자신이 노력하기 보다는 동창생들을 찾아다니면서 그때 그때 적당한 구실로 기부금을 강요해온 사람이다.

평소 몇 달에 한 번 정도씩 전화를 하곤 하는데, 최근 들어 얼마 전에 전화가 와서 M사장님이 안계시다고 하고 전화를 연결해 주지 않았고, 오늘도 전화를 하였길래 사실은 M사장님이 계심에도 불구하고 외출하고 안계시다고 하였다.

그런데 그리고 나서 잠시 후 K씨는 직접 사무실로 예고도 없이 찾아왔다. 물론 M사장님은 사무실에 계셨다.

연구문제

1. 이와 같은 상황에서 어떻게 대처해야 할까?

2. 원치 않는 내방객을 응대할 때 유의할 점을 정리해 보고 실행에 옮겨보자.

3 일정 관리 업무

SUMMARY

Summary

일정 관리 업무

1 효율적인 일정관리 요령

장기 일정표	주간 일정표
연간 일정표	일일 일정표
월간 일정표	휴대용 일정표

→ 궁극적으로 모든 일정을 한 곳에 모아 기록관리 해야만 총체적 관리 가능!

2 상사의 일정 관리 시 유의점

- 일정은 반드시 상사의 승낙을 받아 결정
- 계획성 있는 일정표를 작성
- 대규모 일정에서 소규모 일정의 순으로 세분화하면서 체계적으로 작성
- 너무 빡빡하게 잡지 않고 일정 사이에 적절한 시간적 여유를 둘 것
- 일정표를 작성하면서 그에 관련된 시설, 자료 등을 관리
- 일정이 변동되는 경우를 고려하여 변경이 쉬운 컴퓨터 등을 이용한 일정관리 및 변경된 일정의 신속한 반영 및 공유
- 약속을 피해야 할 시간대를 고려하여 일정표를 작성

면담 약속 정할 때 기재 사항

- 면담자 정보
  (성명, 직장, 직책, 직장의 소재지, 전화 번호)
- 면담 일시
- 면담 장소
- 면담 목적
- 면담 소요 시간

3 업무관리에 도움이 되는 것들

- 일일 목록표 작성(To Do List)
- 업무 일지 작성
- 업무 매뉴얼 작성

4 업무처리 시 우선순위 부여

1단계 → 처리해야 할 업무를 명확하게 파악

2단계 → 우선순위 정하기

① 기일이 가장 빠르고 급한 업무 수행
② 상대방과 연결된 업무들
③ 시간이 많이 걸리지 않는 업무
④ 아주 단시간에 가능한 업무
⑤ 혼자서 처리가 가능한 업무와 시간이 오래 걸리는 업무

5 기타 고려 사항

- 업무 일정 뿐 아니라 상사의 개인적 일정도 고려
- 비서의 일정은 상사의 일정을 기준하여 계획 · 작성 관리
- 주말 · 휴일 · 휴가 시에도 상사의 근황이나 소재를 염두에 둘 것

3-1 항공기 도착 시간 확인

상사와 평소 친하게 지내는 지인이 Seattle에서 오후 2시 40분에 출발하는 ○○항공 AZ 366편 비행기로 한국에 도착한다는 연락을 받았다. 그래서 상사는 비서에게 그 비행기가 한국에 몇 시에 도착하는지 알아보라고 지시하였다. 비서는 해당 항공회사 사이트에 들어가 항공편 스케줄 조회를 하여 오늘 도착하는 Seattle 출발 AZ 366편 항공편을 조회 하였더니 「오후 5시 50분 인천 도착」이었다. 그래서 비서는 상사에게 "오후 5시 50분 도착입니다" 하고 보고 드렸다. 상사는 그 정보에 따라 공항에 지인을 pick-up 하러 나가셨다. 그런데 막상 공항에 나가보니 도착 예정시간은 오후 5시 50분이 아니라 오후 6시 40분이었다. 알아보니 출발지에서부터 40분 늦게 출발하여 애초부터 늦게 도착하도록 되어있었던 것이다. 하는 수 없이 상사는 50여분을 더 기다리느라 시간을 낭비하게 되었다.

다음 날 상사는 비서에게 비행기 도착 시간을 어떻게 제대로 알아본 것인지 잘못되어 1시간이나 기다렸다고 다시 확인해 보라고 하였다.

연구문제

1 비서가 잘못한 행동이 무엇이었으며, 어떻게 해결했어야 하는지 정리해보자.

3-2 일정관리

이인수씨가 근무하는 회사에서는 business promotion을 위해 고객관리의 일환으로 매년 한 번씩 정기적으로 비즈니스 진행여부와 관계없이 주요 거래처를 방문하여 그 동안의 안부를 전하고 회사의 전년도 실적을 설명하고 정보교환을 하는 등 유대관계를 유지하기 위한 활동을 한다. 올해에도 예외 없이 이 행사를 진행하기로 되어있다. 방문기간은 9월 16일부터 20일 까지 이며 방문기관 및 대상은 아래와 같다.

아래의 방문대상들을 회사의 위치를 고려하여 적절한 일정을 잡고 식사 장소를 물색해 보라.

	회사명	성 명	직 위	회사의 위치
1.	광동제약	이건수	팀장	경기도 평택시
2.	대한전력공사	오수정	전무	강남구 삼성동
*3.	대한전력공사	이훈철	사장	강남구 삼성동
4.	우신통신	박인수	국장	종로구 세종로
*5.	통상산업부	최지성	국장	경기도 과천
6.	재정경제원	김수정	과장	경기도 과천

* 표시된 곳은 점심식사에 초대할 곳임.

연구문제

1. 주어진 시간 안에서 일정을 잡을 때 고려해야 할 요소에는 어떠한 것들이 있는가?

2. 점심식사 장소를 물색할 때 고려해야 할 것은 무엇인가?

3 방문일정을 작성해 보자.

연례 고객 방문 일정표

월 일 - 월 일

	시 간	방문처	장 소	연락처
9월 16일	: : :			
9월 17일	: : :			
9월 18일	: : :			
9월 19일	: : :			
9월 20일	: : :			

3-3 휴대용 일정표

상사는 오늘 (3월 8일 (수) 퇴근한 후 7:00 PM에 Imperial Palace(☎ 757 - 4455)의 겐지라는 레스토랑에서 제일전자의 정희성 회장과(김비서실장 ☎ 552 - 6376) 저녁식사 약속이 있고 내일 오전 7:30 AM에 롯데호텔(☎ 771 - 2500) 팔선이라는 레스토랑에서 전자협회 윤회수 부회장과(☎ 442 - 1299) 조찬 약속이 되어있다.

연구문제

1 상사가 퇴근하기 전에 이 일정들을 정리하여 드리기 위한 휴대용 일정표를 작성하라.

일 정 표

____

월 일

______ : ______ ( )

______ : ______ ( )

월 일

______ : ______ ( )

______ : ______ ( )

3-4 출장/일정관리

서울자동차 공업(주)은 서울에 본사를, 경산에 공장을 가지고 있는 자동차 회사이다. 최씨는 사장의 비서로 근무하고 있다.

매달 1회씩 공장장이 서울에 올라와 월례업무회의가 개최되고 있으나 1년에 2회씩은 사장이 직접 경산공장을 방문하여 직접 생산 현장을 둘러보고 문제점을 파악하고 근로자들을 격려하곤 한다.

이번에도 4월 17일에 공장을 방문하여 오전에 공장의 간부들과 회의를 가진 후 점심에는 중간관리자들과 오찬을 하기로 되어있어 출장준비를 하게 되었다. 그런데 거래처인 경인상사의 오사장이 18일에 사장을 방문하기를 원한다고 요청하였다.

연구문제

1 이번 출장 및 거래처와의 schedule을 작성해 보시오.

4월 16일 ~ 17일 경산공장 방문 (일정표 참조)

4월 18일 3:00 경인상사 오사장 방문

경산공장 방문 일정표

	일 정	숙 소	연 락 처
4월 16일( ) _____ : _____			
4월 17일( ) _____ : _____ _____ : _____			
12 : 30	오 찬		
_____ : _____ _____ : _____	경산출발 서울도착		

3-5 가변적 일정관리

한국 최초로 시도되는 우주발사체 ○○호의 발사를 앞두고 상사는 아래와 같은 안내장을 받았다.

> **○○호(KTS-1) 발사 참관 안내**
>
> 한국 최초 우주발사체 ○○호가 아래와 같이 6월 12일(목) 대한우주센터에서 발사될 예정입니다.
> 우리나라 우주개발 역사의 한 획을 그을 ○○호 발사 모습을 직접 참관하시고, 발사 성공을 함께 기원해주시기 바랍니다.
>
> \- 아　　래 -
>
> ▶ 참관 일시 : 2009년 6월 12일(목) 16:00 ~ 18:40
> ※ 발사 당일의 기상 상태 등을 고려하여 연기될 수 있음
> ▶ 참관 장소 : ○○우주센터 발사통제동
> ※ 발사 장면은 안전 등의 이유로 발사통제동 발사지휘소에서 화면으로 참관
> ▶ 오시는 길 : 여수공항 - ○○우주센터(2시간 소요)
> 대전 - ○○우주센터(5시간 소요)간 셔틀버스 운행
> ※ 발사 당일 16:00까지 ○○우주센터 도착
> \- 자가용 이용시 우주과학관에 주차 후 셔틀버스로 이동
> \- 서울에서 항공편을 이용할 경우, 13시 이전 비행기 이용 후 셔틀버스로 이동
> ※ 항공편: 김포 11:00~여수 11:55 (대한항공 KE1333)
> 김포 13:00~여수 13:55 (대한항공 KE1335)
> \- 귀경 항공편은 당일 21:30 특별기 운행 예정
>
> 연락: 항공우주연구원 기획팀장 김준기(000-000-0000, 010-0000-0000)

연구문제

1. 안내장의 내용을 파악한 후 필요한 업무를 순서대로 제시해보라. 또 이와 같은 경우에 특히 고려해야 할 사항들을 정리해보라.

4 회의 관련 업무

SUMMARY

Summary

회의 관련 업무

1 회의는 경영관리의 합리화, 능률화를 위한 중요한 수단

- 문제 해결(problem solving)기능
- 자문(consulting)기능
- 의사 소통(communication)기능
- 교육 훈련(education & training)기능

2 다양한 회의의 목적들

- 프리토킹(free talking)
- 브레인 스토밍 (brain storming: 아이디어 회의)
- 패널(Panel)
- 심포지움(symposium)
- 포럼(forum)
- 버즈 세션(buzz session; 집단 토론)
- 세미나(seminar)

회의 개최 시 확인 사항

㉠ 회의의 목적
㉡ 회의 참석자 명단
㉢ 회의 일시와 장소 예약
㉣ 회의 통지서 발송
㉤ 최종 참석자 명단 작성
㉥ 회의자료 준비

3 컴퓨터와 통신 기술을 이용한 원격회의(teleconference)

- 음성, 전화회의(Audio Conference, Voice Conference)
- 컴퓨터 전자회의(Computer Teleconference)
- 영상회의(Video Conference)

4 충분한 준비와 침착하고 발빠른 진행

- 참석자를 회의장에 안내 및 접수
- 회의시설, 기자재 점검
- 회의 자료 배부
- 차 대접
- 사후 정리사항

5 회의 종료 후에도 비서의 업무는 계속

- 회의장 정리 및 회의 자료 정리
- 회의록 작성
- 감사장 발송
- 회의 준비 업무에 대한 평가

→

회의 평가표

- 회의 안내장은 잘 기입되었는가?
- 회의 자료는 적절했는가?
- 회의 준비물은 충분했는가?
- 접수 업무는 순조로웠는가?
- 회의장 관리는 원활했는가?
- 차와 다과 접대는 순조로웠는가?
- 시청각 기자재 준비는 원활했는가?
- 부족하거나 소홀한 면은 무엇인가?

6 회의 준비 시 유의할 점

- 회의 자료 여유 있게 충분히 준비
- 중요한 사항이 있는 복사지를 이면지로 사용금지
- 수정된 용지는 혼돈이 없도록 바로 폐기
- 회의 자료는 반드시 페이지와 방향등이 올바른지 확인
- 미리 배부한 회의 자료도 회의 당일에는 추가로 준비
- 음료는 종류를 다양하게 충분히 준비
- 회의 시작 전 회의장을 둘러보고 기자재나 회의 시설, 전등 등을 실제로 확인
- 회의 종료 후 사용하신 메모들은 바로 버리지 말고 일정기간 동안 보관해 놓을 것
- 회의장에서 안내자가 숙지해야 할 사항에 대한 준비

4-1 회의 불참 시 통보 요령

다음 주 화요일 오후 1시 30분에 예정된 '하반기 영업전략 회의'에 사장님께서 중요한 선약이 있어 참석하기 어렵다고 하시면서 영업부에 연락하라고 하신다. 그래서 비서는 영업부장에게 전화하여 "사장님은 그날 선약이 있어서 하반기 영업전략 회의에는 참석할 수 없습니다."라고 알려드렸다.

연구문제

1. 잘못된 부분을 지적하고 비서의 전화응대 방식에 맞게 수정하시오.

4-2 회의 준비 및 진행

H교수는 지난 2년간 ○○학회의 학회장을 역임하였다. 나름대로 열심히 노력하여 회장으로서의 역할을 무난히 마쳤음에 감사하며 차기 회장이 주재하는 학회 정기 총회 및 학술 발표회에 참석하기 위해 회의장에 도착하였다. 이제 회장직도 끝마친 이후이므로 비교적 부담 없는 마음으로 복장도 그다지 신경 쓰이지 않아 적당히 자유로운 복장으로 학회장에 도착했는데 갑자기 주최 측에서 H교수의 자리를 단상위에 마련해 놓았던 것이다. 그동안 회장직을 수행하면서의 노고를 치하하기 위해 감사패를 증정한다는 내용이었다. 그런 내용을 사전에 전혀 통보받지 못한 H교수는 무척 당황스러웠다.

연구문제

1. 위 회의 준비 · 진행과 관련하여 사례의 문제점을 지적하고 바람직한 진행 절차를 제시하시오.

4-3 회의 개최 준비

지식경제부는 무역 전문인력의 양성, 배출을 통해 우리나라 무역의 인적(人的) 인프라를 확충하고자 전국 20여개 대학들을 대상으로 "글로벌무역전문가 양성사업단"을 구성하였다. 이에 지식경제부는 본 사업의 보다 성공적인 방안을 모색하기 위해 회의를 개최하기로 하였다.

회의 제목은 "글로벌무역전문가 양성사업 활성화 방안"으로 결정하고 2010년 6월 20일 오전 10시에서 오후 2시까지 지식경제부 대회의실(3층)에서 개최하기로 하고 참석범위는 지식경제부 차관을 비롯하여 각 대학의 산학협력단장들로 정하였다. 또한 회의에서는 VTR, Beam Projector 등이 준비되어야 하고 coffee break 및 점심식사 등이 준비되어야 한다.

연구문제

1 이 회의 소집을 알리는 문서를 작성하라.

회의 개최 안내

수 신:
발 신:
날 짜:
제 목:

지식경제부 장관 ○ ○ ○

2 오늘이 이미 6월 15일인데 이러한 경우 각 참석자들에게 회의에 관하여 알리는 방법으로는 어떠한 것이 가장 바람직할까?

3 각 참석자 이외에 지식경제부 내에서 이 문서를 받아 보아야 할 곳은 어디일까?

4-4 회의록 작성

중요한 회의일수록 기록을 남기는 것이 보통이며 이러한 회의록은 의제에 관계된 사항이 알기 쉽고 간략하면서도 무엇보다 정확하게 기록되어야 한다.

연구문제

1. 실제로 진행되는 회의에 참석하여 그 진행상황을 회의록 양식에 맞추어 기록하여 완성해보자. 만일 회의에 참석해 볼 기회가 없으면 친구들과 그룹을 지어 한 가지씩 의제를 선정한 후 토의해가며 그 진행상황을 기록해 보자. 어느 경우에는 녹음을 해두어 회의록 작성 후 정확히 작성되었는지 여부를 대조해 보도록 하자.

<table>
<tr><td>일 시</td><td>201 . . . (요일) : ~ :</td><td>장 소</td><td></td></tr>
<tr><td>의 안</td><td colspan="3"></td></tr>
<tr><td>토 의
내 용
요 지</td><td colspan="3"></td></tr>
<tr><td>합 의
사 항</td><td colspan="3"></td></tr>
<tr><td>이 견
사 항</td><td colspan="3"></td></tr>
</table>

<table>
<tr><td>참석대상자 수</td><td>명</td><td rowspan="4">작
성
자
서
명</td><td>소 속</td><td>직 위</td><td>성 명(인)</td></tr>
<tr><td>참석자 수</td><td>명</td><td rowspan="3"></td><td rowspan="3"></td><td rowspan="3"></td></tr>
<tr><td>불참자 수</td><td>명</td></tr>
<tr><td>불참내역</td><td>명</td></tr>
</table>

회의록 양식

4-5 원거리통신 회의

최근 컴퓨터, 통신, 과학기술의 발전으로 인하여 회의 참석자들이 한자리에 모이지 않고도 회의, 상담, 토론, 교육훈련 등을 실시하는 것이 가능해졌다.

연구문제

1. 이러한 원거리통신 회의 방법에는 어떠한 것들이 있으며 각기 그 장단점은 어떠한 것인지 조사해보자.

4-6 파티 개최

부천 주식회사의 김영철 상무는 최근 국내 유수의 대학으로부터 경영학 박사 학위를 취득했다.

이를 축하하기 위해 그동안 많은 은혜를 입은 분들과 매우 가깝게 지내는 분들을 부부동반으로 초대하여 2010년 3월 12일 오후7시 시내의 호텔에서 자그마한 Dinner Party를 열기로 했다.

이 Party를 열기 위한 세부 계획을 마련해 보시오.

연구문제

1 초청대상 및 인원 (규모)

이 파티에 초대된 분들은 다음과 같다. 이들을 위하여 아래의 테이블에 좌석을 적절히 배치해보라.

송 주 진 박사부부(지도교수)
김 화 준 박사부부(은사)
송 무 현 사장부부(직장상사)
박 현 진 국장부부(대학동창)
장 수 연 부사장부부(대학동창)

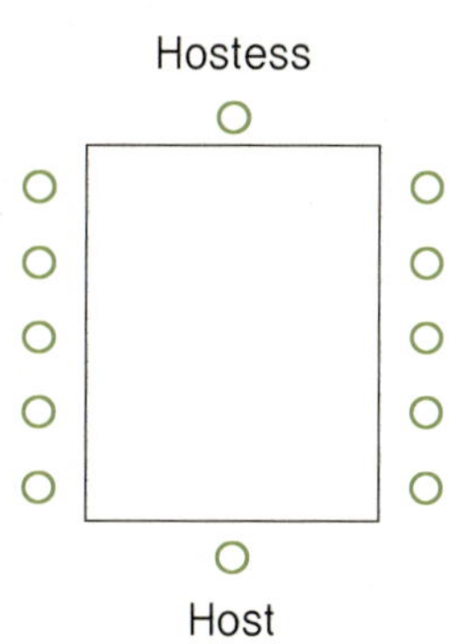

2 행사의 성격과 초대된 분들의 구성을 고려하여 적절한 장소를 선정하여 예약하고 메뉴의 선정에 관하여도 알아보자.

3 이 분들에게 보낼 초청장을 작성하고 부수적으로 필요한 사항들을 점검하여 준비해보자.

초 청 장

· 날 짜 :

· 시 간 :

· 장 소 :

* 주차는 호텔 뒤편에 위치한 주차장을 이용해 주십시오. (주차권 동봉)

김영철 드림

참석여부 확인 엽서

2010년 3월 12일 오후 7시 Dinner Party 에 참석하실 지 여부를 알려주십시오.

□ 참석

□ 불참

동봉된 회신용 봉투에 넣어서 3월5일까지 보내주시면 감사하겠습니다.

4 상사가 이와 같은 파티에 초대되어 참석했다고 가정하고 돌아온 후에 보내는 감사장(Thank-you Note)을 작성해 보라

감 사 장

김영철 상무님께

2010년 3월 13일

○○○올림

5 출장 관련 업무

SUMMARY

Summary

출장 관련 업무

1 상사의 출장… 준비해야 할 일들

출장 준비 업무	출장 중 업무	출장 후의 업무
출장 계획안 작성 출장 경비 출장 일정 예약 출장 일정표와 출발 준비 출장 자료 준비	밀린 서류 업무와 우편물 정리 전화 메모와 내방객 기록 보고사항 정리 상사 출장 이후의 대략적인 일정 작성	업무 보고 및 결재 출장 경비 정산 및 보고서 작성 출장 보고서 작성 감사 편지 발송 자료 및 명함 정리

2 상사 출장 중 비서는 휴업? NO!!!

- 상사가 출장을 떠나기 전 일상 업무, 급한 업무 등의 수행방법을 파악
- 상사 출장 중에는 더욱 자리를 비우지 않도록 함
- 비서의 솔선수범적 태도가 보여지는 순간
- 출장 중 실시간으로 업무 진행 사항 체크(monitoring)
- 교통편 및 숙박 예약 확인을 잊지 않을 것
- 상사가 출장 중에 사용한 경비는 영수증과 함께 작성하여 보고
- 상사의 감사 편지는 출장에서 돌아온 즉시 발송

3 해외 출장 수속 시

(1) 여권(Passport)
(2) 비자(Visa)
(3) 환전(Money Exchange)
(4) 예방 접종
(5) 국제 운전면허증
(International Driving Permit)
(6) 해외여행 보험

상사의 여권 만기일(잔여기간 6개월 이상 필요)과 비자 유효기간을 자주 체크하세요!

★이것은 반드시 챙겨드리세요!

① 출장 일정표
② 여권, 국제 운전면허증
③ 교통편 티켓(e-ticket 등)
④ 출장 경비 가지급금 및 법인 신용카드
⑤ 호텔 및 차량 예약 확인서
⑥ 경비 지출 내역서
⑦ 메모 용지 및 기록도구, 명함
⑧ 계산기, 노트북 컴퓨터, PDA, 휴대용 변압기, 휴대폰(roaming 가능 여부 및 충전기) 등
⑨ 선물 및 기념품
⑩ 재외 공관 주소와 전화번호, 거래처나 지점 현지의 지인 연락처 등의 전화번호, 세계 시차표등 준비

4 센스 있는 비서의 해외 출장 준비

- 출장 목적국의 휴일 고려하여 일정을 계획하고 교통편과 숙박을 예약
- 방문지는 하루에 두 군데 이상 잡지 않도록 함
- 도착일과 귀국일에는 가능하면 일정을 넣지 않음
- 방문 국가의 공휴일도 미리 알아둠(토요일 휴무 여부 체크)
- 비서는 상사의 여권을 복사해 두고 여권번호와 카드번호를 기록해 둠
- 환전 시 1, 10달러 지폐등도 팁을 위하여 적당히 준비토록 함
- 상사의 가방에 이름·연락처 표기, 알아보기 쉽도록 스티커나 리본으로 표시해 두는 센스
- 출장지의 관광안내, 문화적 배경, 기후 등
- 출장과 개인여행의 차이점

5-1 국내출장

성신자동차(주)의 사장은 내수시장에서의 시장점유율(market share) 확대를 위해 각 지역의 영업소들을 시찰하기로 하였다.

5월 6일부터 5월 16일까지의 기간동안 아래의 영업소들을 방문할 일정을 잡고 그에 적합한 교통수단을 선택하여 필요한 조치를 취하고 숙소를 예약하라.(승용차, 기차, 항공기 등)

시찰할 영업소
- 평택영업소 - 대전영업소 - 충주영업소 - 대구영업소 - 마산영업소

연구문제

1 이상 arrange한 사항을 상사에게 보고하기 위한 출장 일정표를 작성하시오.

영업소 방문 일정표

기간 : 2010. 5. 6 ~ 2010. 5. 16

		일 정	교통편	숙 소	연락처
5월 6일	: :	서울 출발			
5월 7일	: :				
5월 8일	: :				
	≀ ≀				
5월 16일	: :	 서울 도착			

2. 장기간 여러곳을 방문하는 스케줄 작성 시 유의할 점은 무엇인가?

3. 국내 출장의 경우 교통수단을 선택할 때 고려해야 할 점은 무엇인가?

4. 숙소를 선정할 때 고려할 점은 무엇인가?

5-2 홍콩출장 준비

SK사의 박서진 사장(Mr. Seo Jin Park)은 회의 참석차 홍콩에 출장가게 되었다. 그런데 요즈음 몹시 바쁜 업무로 인해 출장 일정이 아래와 같이 몹시 빠듯하게 짜여졌다.

● 출장 일정표 ●

2010년 5월 14일	6:30 P.M.	인천공항 출발 (CX336편)
	9:00 P.M.	홍콩도착
5월 15일	9:00 A.M.	회의 - 본사 회의실
	3:00 P.M.	홍콩 출발 (CX337편)
	7:30 P.M.	인천 도착

연구문제

1. 이 출장을 위해 홍콩의 Mandarin호텔에 객실예약을 하기 위한 FAX를 작성하시오.

2 위의 Fax외에 예약 방법에는 어떠한 것이 있는지 제시하고 각기 장 · 단점을 생각해보자.

3 이 출장일정에 맞추어 필요로 되는 연결 교통편 스케줄을 준비하시오.

4 1번에서의 Fax작업 이외에 편리한 호텔 예약하는 방법에는 어떠한 것들이 있는지 조사해보자.

5 5월 14일 인천→홍콩 구간은 2.5시간이 소요되는 것으로 되어 있는데 홍콩 → 인천 구간은 4.5시간이 소요되는 것으로 되어있는 것은 무슨 이유에서 인지 확인해 보자.

◎ **작성요령**

- 이 경우와 같이 시간적 여유가 없고 바삐 움직여야 할 경우 효과적인 교통수단은 어떤 것인지 연구해 보자.
- 이 경우와 같이 도착하는 날 늦게 호텔에 투숙(check in)할 경우에 주의할 점은 무엇인가?

FACSIMILE COVER SHEET

TO : ___________ Hotel (FAX No :   )

ATTN : Reservations Manager

FROM : ___________________

DATE : ___________________

PAGE : ___________________

Message :

Please reserve a ________ room for Mr. _______________ for the night of________. Please guarantee for late arrival.

He is arriving Hong Kong at _________ p.m. on _________ via and leaving on _______ via _________. His Corp. Credit Card No. is as follows:

AMEX Card No : ___________

Expiry Date : ___________

Signature : ___________

Please confirm the reservation by return fax.

Best regards,

5-3 국제학술대회 참가 준비

상사인 교수께서는 방학에는 새로운 지식습득, 정보교환, 인적교류 등을 위해 해외에서 개최되는 학술대회에 적극적으로 참여하여 활동을 하시는 편이다. 이번 방학 중에 외국에서 개최되는 학회에 참가하려고 계획 중인 것은 다음과 같다.

- National Business Education Association(NBEA) 2005 Annual Convention, Anaheim, California, March 23~26

학회의 공식 스케줄은 아래와 같다. 또한 참가와 관련하여 등록 및 숙소 예약 등과 관련하여 공식적인 자료는 첨부와 같다.

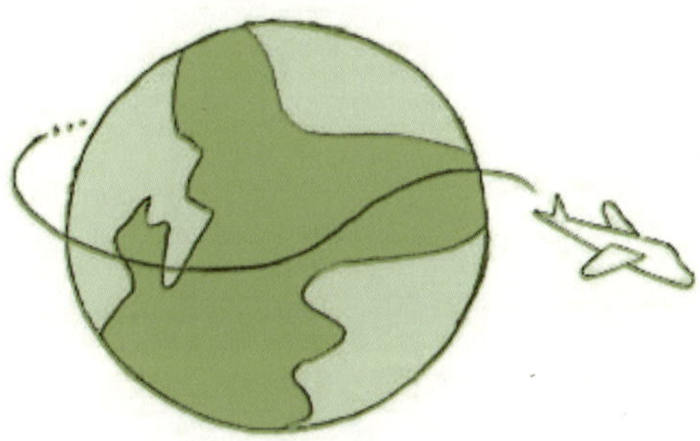

연구문제

1. 학회에 참가하기 위해 준비해야 할 사항들을 제시해 보자.

2. 학회등록에 필요한 사항들을 Registration Form과 Hotel Reservation Form에 작성하고 여행에 필요한 교통편을 예약하는 등 총체적인 출장계획안을 작성하시오.

NBEA 2005 Annual Convention Preregistration Form

Anaheim, California • March 23–26

GENERAL INFORMATION (PLEASE PRINT)

Name

Home Address

City | State | Zip

Telephone | E-mail

Check here if this is a ☐ new home address ☐ new school address

School or Organization

Address

City | State | Zip

Telephone | E-mail

Member Number

Is this your first NBEA convention? ☐ Yes ☐ No

MEMBERSHIP DUES & CONVENTION FEES

☐ Check here if NBEA membership dues have been paid. If not, dues must be paid with convention registration or nonmember registration fee applies.

Membership Dues

- ☐ Professional .... $ 70 ____
- ☐ Professional/ISBE .... $ 100 ____
- ☐ Undergraduate Student .... $ 40 ____
- ☐ Retired .... $ 45 ____

NBEA Convention Preregistration Fees

- ☐ NBEA Member .... $ 160 ____
- ☐ NBEA Student Member .... $ 100 ____
- ☐ NBEA Retired Member .... $ 115 ____
- ☐ Nonmember .... $ 285 ____
- ☐ Spouse Registration .... $ 50 ____
- ☐ Late Registration Fee (After March 2) .... $ 50 ____

Nickname for Badge ____

Name for Spouse's Badge ____

Pi Omega Pi Convention Preregistration Fee

- ☐ Pi Omega Pi Convention .... $ 50 ____
- ☐ Combined Pi Omega Pi and NBEA Student Convention Registration ... $ 125 ____

MEAL FUNCTIONS (OPEN TO ALL)

	Quantity	Price	Total
☐ Delta Pi Epsilon Luncheon (advance purchase only) Wednesday, March 23, 11:45 a.m.–1:15 p.m.	____	@ $29	____
☐ WBITE Luncheon Thursday, March 24, 12:15 p.m.–1:30 p.m.	____	@ $29	____
☐ ISBE Reception and Dinner Thursday, March 24, 6:30 p.m.–9:00 p.m.	____	@ $43	____
☐ NBEA Awards Luncheon Check meal selection: ○ chicken, ○ fish, or ○ vegetarian Friday, March 25, 12:00 noon–2:00 p.m.	____	@$29	____

SUBTOTAL $ ____

PROFESSIONAL DEVELOPMENT SEMINARS

See page 24 for descriptions.

	Quantity	Price	Total
☐ Dragon NaturallySpeaking 8: Speech Recognition for the Business Education Curriculum Tuesday, March 22, 8:00 a.m.–11:00 a.m.	____	@ $60	____
☐ Step It Up with Dragon NaturallySpeaking 8 Tuesday, March 22, 12:30 p.m.– 3:30 p.m.	____	@ $60	____
☐ Walk In Walt's Footsteps Wednesday, March 23, 7:30 a.m.–12:00 p.m.	____	@ $50	____
☐ Methods, Materials, and Strategies for New Teachers Wednesday, March 23, 8:00 a.m.–3:00 p.m.	____	@ $35	____
☐ Walk In Walt's Footsteps Saturday, March 26, 12:30 p.m.–5:00 p.m.	____	@ $50	____

SUBTOTAL $ ____

COMPUTER WORKSHOPS*

Workshop	Number	Quantity	Price	Total
☐ Desktop Publishing in Word and Publisher Tuesday, March 22, 8:30 a.m.–11:30 a.m.	1A	____	@ $45	____
☐ WebCT, Online Teaching, and Online Grading Tuesday, March 22, 12:30 p.m.–3:30 p.m.	2A	____	@ $45	____
☐ PowerPoint Pro Tips Tuesday, March 22, 4:00 p.m.–5:30 p.m.	3A	____	@ $30	____
☐ Designing a Teacher's Web Page with FrontPage Tuesday, March 22, 4:00 p.m.–5:30 p.m.	3B	____	@ $30	____
☐ Introduction to JavaScripting Tuesday, March 22, 6:00 p.m.–9:00 p.m.	4A	____	@ $45	____
☐ MS Excel 2003: Intermediate Maps to MOS Tuesday, March 22, 6:00 p.m.–9:00 p.m.	4B	____	@ $45	____
☐ DigiTools: Teaching Tablet PC, PDA, Speech, and Handwriting in the Business Education Classroom Wednesday, March 23, 8:30 a.m.–11:30 a.m.	5A	____	@ $45	____
☐ Automating Tasks with Access Wednesday, March 23, 8:30 a.m.–11:30 a.m.	5B	____	@ $45	____
☐ Picture Perfect–Digital Cameras and Photoshop Wednesday, March 23, 12:00 noon–3:00 p.m.	6A	____	@ $45	____
☐ An Introduction to Adobe PageMaker for Windows Wednesday, March 23, 12:00 noon–3:00 p.m.	6B	____	@ $45	____
☐ Weaving a Website with Dreamweaver MX Wednesday, March 23, 7:30 p.m.–9:00 p.m.	7A	____	@ $30	____
☐ Digital Document Construction with Adobe Acrobat 6 Wednesday, March 23, 7:30 p.m.–9:00 p.m.	7B	____	@ $30	____
☐ Microsoft Access for Beginners Thursday, March 24, 8:30 a.m.–11:30 a.m.	8A	____	@ $45	____
☐ Learn the Basics of InDesign through Master Pages Thursday, March 24, 8:30 a.m.–11:30 a.m.	8B	____	@ $45	____
☐ Multimedia Magic with PowerPoint Thursday, March 24, 12:00 noon–3:00 p.m.	9A	____	@ $45	____
☐ Adobe Acrobat 6, More Than a Document Reader Thursday, March 24, 12:00 noon–3:00 p.m.	9B	____	@ $45	____
☐ MS Office Integration Thursday, March 24, 5:30 p.m.–7:00 p.m.	10A	____	@ $30	____
☐ Quickbooks Pro Accounting–Receivables and Payables Thursday, March 24, 5:30 p.m.–7:00 p.m.	10B	____	@ $30	____
☐ Collaborating in Word Thursday, March 24, 7:30 p.m.–9:00 p.m.	11A	____	@ $30	____
☐ Lights, Camera, Action! with MovieMaker 2 Thursday, March 24, 7:30 p.m.–9:00 p.m.	11B	____	@ $30	____
☐ Getting Your Point Across Graphically with Visio Friday, March 25, 8:30 a.m.–11:30 a.m.	12A	____	@ $45	____
☐ Try Out MS Publisher 2003 Friday, March 25, 8:30 a.m.–11:30 a.m.	12B	____	@ $45	____

***NOTE: All workshops accommodate 2 people per computer.** **SUBTOTAL $** ____

***Please list additional workshop choices by number in case the workshops you have selected are full when your registration is processed.** **TOTAL FEES $** ____

____ ____ ____

PAYMENT INFORMATION

PAYMENT INFORMATION

☐ Check enclosed and made payable to NBEA in the amount of $ ____

☐ P.O. (The deadline to submit a P.O. is **February 11**. A copy of the P.O. MUST be mailed or faxed) P.O. # ____

(Payment of P.O. must be received by March 2)

☐ VISA ☐ MasterCard

Card Number

3-Digit Card Code | Expiration Date

Signature (required for all charges)

MAIL PREREGISTRATION FORM TO:

National Business Education Association
Convention Registration
1914 Association Drive
Reston, VA 20191-1596

FAX PREREGISTRATION FORM TO:

National Business Education Association at (703) 620-4483. (Credit card payment and purchase orders only!)

Federal ID # 52-0886073

SPECIAL NOTE

If you require special services, please attach a written description of your needs. Special housing requirements should be sent with the hotel reservation form.

ONLINE REGISTRATION

Convention registration is also available on NBEA's Web site at www.nbea.org/conferences/annual.html.

The preregistration deadline is **March 2**. For registrations received AFTER March 2 or paid on-site, there is an additional fee of $50. A $30 processing fee will be charged for preregistrations cancelled by March 2. After that date, no refunds will be made.

NATIONAL BUSINESS EDUCATION ASSOCIATION

CONVENTION HOTEL RESERVATION FORM

GENERAL INFORMATION

The Anaheim Marriott Hotel is the official meeting place for the 2005 NBEA Annual Convention, March 23–26.

Hotel accommodations can be made by contacting the hotel directly at 800-228-9290 or by fax at 714-748-2449 (Attention: Reservation Department).

Room rates at the Anaheim Marriott Hotel are:

- $126 Single
- $136 Double
- Additional person in room $20

The Anaheim Marriott Hotel requires a check/money order or credit card deposit covering the first night's stay to confirm any reservation. Reservations must be made by **March 2**.

Rates are subject to 15.0% state tax plus a $1.00 per room night California Tourism Act fee. Reservations are accepted on a first-come, first-served basis and subject to availability. Reservations must be canceled by 6:00 p.m. (PST) 72 hours before day of arrival to avoid one night's charge to credit card or deposit forfeiture. Check-in time is 4:00 p.m.; checkout time is 12:00 noon.

Please secure your room reservation before booking your airline ticket.

***Note — Credit card guarantees and deposits will be refunded only if cancellation notification is given within 72 hours prior to arrival.**

The hotel does not mail confirmation slips. For your convenience, an e-mail or fax confirmation may be sent if that information is provided (at right).

For more information about the convention and the Anaheim Marriott Hotel or to make your reservations online, visit our Web site at www.nbea.org.

This form must be received by the Anaheim Marriott Hotel by March 2!

Anaheim Marriott Hotel
700 West Convention Way • Anaheim, CA 92802
Tel: 800-228-9290 • Fax: 714-748-2449
March 23–26, 2005

Guest Information

Last Name ______ First Name ______ Initial ______

Address ______

City ______ State ______ Zip ______

Telephone ______ Fax ______ E-Mail ______

Marriott Rewards # ______

Please Reserve ______ Room(s) for ______ Person(s)

Name(s) of person(s) sharing accommodations ______

For Arrival on ___/___/___ Departure on ___/___/___

Please check your room preference

☐ King ☐ Double/Double

☐ Smoking ☐ Non-Smoking

Checkout time is 12:00 noon. Rooms may not be available for check-in until after 4:00 p.m. Reservations requested after the cut-off date and/or after the room block is filled are subject to availability and may not be available at the group rate.

Payment Information

$126 Single • $136 Double • Additional person in room $20

Check or money order enclosed for $ ______

Please charge my:

☐ AMEX ☐ Carte Blanche ☐ Diners Club

☐ Discover ☐ MasterCard ☐ VISA/Bank-Americard

Credit Card Number ______ Expiration Date ______

I authorize the Anaheim Marriott Hotel to charge my account for one night's deposit and all applicable taxes.

Signature ______

5-4 항공권 구입

박상희씨는 세계 각지에 지점을 가지고 있는 기업에서 일하고 있다. 상사인 사장은 이번에 세계 각 지역에서 개최되는 판매전략 회의에 참석차 뉴욕, 파리, 런던, 홍콩을 두루 거쳐 20일 만에 귀국하게 되는 출장을 떠나게 되었다.

여러 지역에서 장기간을 소요하는 출장이라 arrange할 것이 매우 많았다.

항공편 일정은 상사의 일정계획에 맞추어 주로 거래하던 여행사에서 도움받아 가장 효율적이고 편리한 것으로 정했고 호텔은 박상희씨가 항공편 일정에 맞추어 현지의 호텔에 직접 예약했다.

그런데 출장일이 이틀 앞으로 다가와 항공권을 구입(ticketing) 하려고 하니 배서(endorse) 할 수 있는 것과 할 수 없는 것이 있는데 어떤 것으로 하겠느냐고 하였다.

배서 할 수 있는 ticket은 가격이 비싸고 배서 할 수 없는 ticket은 가격이 상대적으로 저렴하다고 하였다.

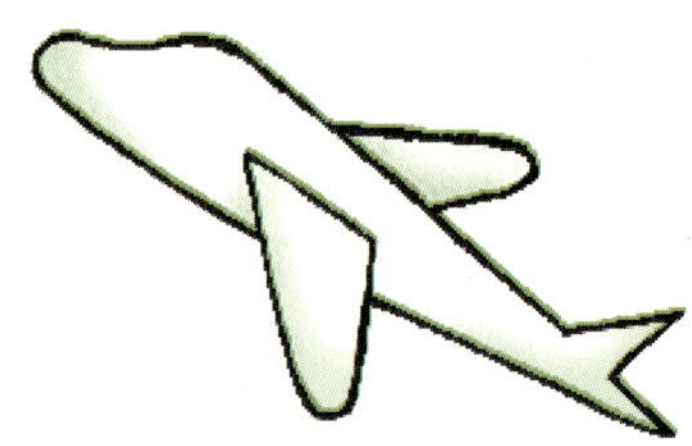

연구문제

1. 이런 경우 목적에 적합한 것은 어떤 항공권인가?

2. 그 이유는 무엇인가?

3. 항공권의 종류에 관하여 조사해 보자.

5-5 미국출장 준비

Dain Consulting사의 서울지점장 Robert Park씨(한국인)는 다음과 같이 본사의 경영자 회의에 참석하기 위해 해외 출장을 하게 되었다. 이에 대비하여 준비해야 할 사항들에 어떠한 것들이 있나 알아보고 구체적 출장 schedule을 작성해 보시오.

> **경영자회의(Management Meeting)**
>
> 1. 회의 개최 장소 : New York 본사
> 2. 회의 개최 일시 : 7월 10일(월) ~ 12일(수), 2010
>
> 7월 10일
> 10:00 AM 마케팅 전략회의
> 3:00 PM 교육, 훈련회의
> 7월 11일
> 9:30 AM 경비절감 대책회의
> 7월 12일
> 10:00 AM 컴퓨터 네트워크 설치회의

연구문제

1 이 출장에 대비하여 준비해야 할 사항들을 정리해 보자.

① 회의준비와 관련하여

② 여행준비와 관련하여

2 출장일정표를 작성해 보자.

미국출장 일정표

2010. . 현재

날짜	시 간	일 정	비 고
7월 10일			
7월 11일			
7월 12일			
7월 13일			

3 이때 만일 출장지가 파리였다면 어떻게 flight schedule을 잡아야 할까? 실제로 flight schedule을 참고하여 작성해보라.

5-6 일본출장 준비

이은영씨는 모교의 은사이신 최정남 교수의 조교로 일하고 있다. 최교수는 오는 6월 7-8일 양일간 일본의 후꾸시마에서 열릴 학회에서 논문을 발표하기 위해 참가하게 되었다. 학회의 일정 및 대회 참가요령은 다음과 같았다.

학회 일정

6월 7일

9:00 - 10:00 A.M.	등록
10:00 - 10:20	개회사
10:20 - 12:00	주제발표
12:00 - 13:00	점심
13:10 - 16:50	주제발표 (14:10 - 14:40 최교수 발표)
18:00 - 20:00	만찬

6월 8일

8:30 - 9:00	접수
9:00 - 10:45	심포지움
11:00 - 12:00	Free discussion

학회 일정

대회 참가 요령

◈ 참가신청은 5월 15일 까지.

◈ 비용과 그 지급방법

(1) 대회 참가비(자료대 포함) … 7,000엔/1인 (비회원 8,000엔/1인)

(2) 친목회 참가비 ······················ 7,000엔/1인

(3) 중식대 ································· 1,400엔/1인

◈ 숙박·교통 수단의 예약

첨부 자료를 참고로 각자 예약 하십시오.

◈ 회의장에의 안내

(1) 주소 : 〒960-01 후쿠시마겡 후쿠시마시 미야시도 치고이깨 1-1
후쿠시마 죠시 단기대학 (TEL: 0245)-53-3221)

(2) 숙소 : 「Hotel 다스미야」
「Hotel 산루프 프라쟈 후쿠시마」
「Washington Hotel」
후쿠시마역 동쪽 출구에서 도보로 2~5분정도.

(3) 본대학 : JR 동일본선「동 후쿠시마역」하차, 도보로 10분
아부구마 급행 「오로시마치역」하차, 도보로 15분.

(4) 참고 : 센다이→후쿠시마
① 센다이 공항→센다이역 : 리무진 버스 40분 소요, ￥890
② 센다이역→후쿠시마역 : JR 신간센(Super Express)
24분 소요, ￥3,010

◈ 연락처 및 조회처

후쿠시마 죠시 단기대학 (상기주소). 일본 비서학회 제15회 전국대회 위원회 사무국
TEL: 0245) 53-3221, EXT.353
FAX: 0245) 53-3222

대회 참가 요령

연구문제

1 이를 근거로 항공편, 호텔예약, 기타 등등 최교수의 출장스케줄을 작성해 보시오.

(참고로 여행사에 항공 일정을 문의하였더니 아래와 같이 두 가지 방법이 있다고 Fax로 보내 주었다. 항공 요금은 ①번의 경우는 607,100원이고, ②번의 경우는 429,800원이라고 하였다.)

출발 공항명(도시명) DEPARTURE CITY 도착 ARRIVAL CITY		비행기편 FLIGHT	등 급 CLASS	일 자 DATE	현지시각 L-TIME	예약상태 STATUS
SEOUL KANSAI INTL (OSAKA)	①	KE 724	W	6월 6일 6월 6일	10:10 11:40	확약 CONFIRM
ITAMI (OSAKA) FUKUSHIMA	①	JL 837	Y	6월 6일 6월 6일	17:55 19:00	확약 CONFIRM
FUKUSHIMA ITAMI (OSAKA)	①	JL 832	Y	6월 9일 6월 9일	09:00 10:10	확약 CONFIRM
KANSAI INTL (OSAKA) SEOUL	①	KE 757	W	6월 9일 6월 9일	15:35 17:05	대기중 WAITING
SEOUL SENDAI	②	OZ 152	Y	6월 6일 6월 6일	10:40 12:35	확약 CONFIRM
SENDAI SEOUL	②	OZ 151	Y	6월 9일 6월 9일	13:35 15:55	확약 CONFIRM

항공 일정(FLIGHT ITINERARY)

일본출장 일정표

2010.   .   현재

날짜	시간	일정	비고
6.6 (목)			
6.7 (금)			
6.8 (토)			
6.9 (일)			

일본출장 일정표

2 대회 참가 요령을 참고로 하여 이번 출장에 소요될 경비예산을 세워 보시오.
(최교수는 일본 실무교육 학회 회원은 아님)

출장 경비 예산

	항 목	금 액
(1) 대회 참가 관련 비용		
(2) 기타 비용		
(3) 총계 (1) + (2)		

출장 경비 예산

5-7 출장비용 보고서 작성

다음은 교육사업에 종사하는 박영길 사장이 신규사업 투자가능성 타진을 위해 콩고와 에디오피아지역 해외출장에서 돌아와 비서에게 건네준 영수증 및 관련서류이다. 이를 근거로 출장비용 보고서를 작성해 보시오.

● 영수증과 e-ticket

BOARDING PASS
NAME PARK/YOUNGKILMR
FROM SEOUL
TO PARIS
DATE 17FEB10 M
SEAT 좌석 42K FLIGHT 편명 KE 901
EXIT WINDOW
SKYTEAM ELITE BK2989258
TOTAL/REMAIN 623920/ 123425M
KE 128 TIMES 356716 MILES
ETKT 180 3841764936C1 /001
Excellence in Flight 40th KOREAN AIR 151

PARK/YOUNGKILMR
KINSHASA
ADDIS ABABA
ET 831 21FEB 13H44
CLASSE CLASS SIEGE SEAT SEQ
Y 21A 018
EMBARQUEMENT /BOARDING
12H59

Emirates
ECONOMY
PARK/YOUNGKILMR
From ADD To DXB
Flight Date Time
EK 724 24FEB 1935
ZONE Seat Seq No
E 33G 0233
PCS/WT
ETKT 1803841764936-

Emirates
ECONOMY
PARK/YOUNGKILMR
From DXB To ICN
Flight Date Time
KE 5952 25FEB 0300
EK 322 25FEB 0300
ZONE Seat Seq No
D 61E 0423
PCS/WT
ETKT 1803841764937-1

KOREAN AIR ECONOMY 탑승권
NAME PARK/YOUNGKILMR ETKT
FLIGHT AF0898 18FEB TO FIH KINSHASA
DEP TIME 10:50
BOARDING 탑승시각 10:05
GATE 탑승구 C81
1803841764936C2
004/Y/21K
Boarding gate closes at 10 minutes before departure. (항공기 정시출발을 위하여 출발 10분전에 탑승이 마감됩니다)

BOARDING PASS
NAME PARK/YOUNGKILMR
FROM PARIS 2C
TO KINSHASA
DATE 18FEB
SEAT 좌석 21K FLIGHT 편명 AF0898
ETKT 1803841764936C2
Excellence in Flight 40th KOREAN AIR 004

Hotel venus

NRC. 59556 ID.NAT. 01-93- N 44256 Y
306, Avenue de la Gombe Kinshasa / RDC

Le 21/02/2010
09:21
User : SALM

Numero Séjour ==> 3898
Occupant ======> PARK YOUNGKIL
Cpte Client =====> AMBASSADE DE COREE
Chambre n° ====> **407**
Dates du Séjour => 18/02/2010 -> 21/02/2010
Total Séjour ====> 3 Prix: 180

Facture n°: 6775

Mode de Paiement: Espèces

Date	N° Pièce	Prestation	Débit	Crédit
		OCCUPATION CHAMBRE	**540.00**	
21/02/2010	6498	Paiement Déposit		540.00
		Total Préstations ==>	**0.00**	**540.00**
		Total Facture =====>	**540.00**	
		Solde ===========>	**0.00**	

Votre Facture en : $Us

Note: Une facture non payée endéans 8 jours sera majorée de 15 % le mois récapitulé

LA DIRECTION **LE CLIENT**

REÇU DE CAISSE

N° 6498

Montant 540$

Reçu de M. PARK YOUNGKIL

la somme de Cinq cent quarante Dollars Américains

en réglement de Paiement Ch 407

Nom : SALM

Kinshasa, le 21/02/2010

Signature :

ProCrédit :13010114116312000 /Usd Rawbank : 05101010054110121/Usd BIC:210110045901-03/Usd BIAC 33032517601
Tél : 081 556 35 20 / 21 / 22 - 099 99 17 459 - 081 810 00 87 *** Fax : 001-615-634-1757
E-mail : Reception@hotelvenus.cd - Keveluc@yahoo.fr Site Internet: www.hotelvenus.cd

Dagim Millennium Hotel

Company Name :- Dagim Millennium Hotel
Telephone :- 0113720300
Fax :- 0113720309
Web :- WWW.dagimmillennium.com
E-mail :- dagimmillennium@ethionet.et
P_O_BOX:- 21628 Code 1000
City And Country :- ADDIS ABABA ETHIOPIA

No REC-2950
Date 2/24/2010 02:11:55
Order No
Inv. No

Vat Reg. No.:- 015210 Tin Number :- 0000020

የገንዘብ መቀበያ ደረሰኝ
Cash Receipt

Received from: YOUNGKIL PARK

The Sum of Birr 1680.01

In words **One Thousand Six Hundred Eighty Birr and One Cents only**

Purpose For settlement Of Credit Invoices as a result of Reservation No R_002465 of Room No. 504 From 2/21/2010 To 2/24/2010.The Payment made is 1680.01 Birr

☑ Cash
☐

Mulumebet

This receipt is not valid unless it is officially Stamped and Signed by the Cashier.

Management Information System(MIS) Made by Cnet Software Technologies 091 121-7341

Customer's Copy

NIB INTERNATIONAL BANK S.C.

Hilton IBD № 66545 PFC
(NAME OF FOREX BUREAU)

PURCHASE OF FOREIGN CURRENCY (CASH) Date 24/2/10

Name of the Seller YOUNGKIL PARK

Nationality KOREA

ID/Passport No.

Tel.

Type of Currency	Amount in F/CY	Rate	Equivalent in Birr
EUR	55	18.0982	995.40

TOTAL

Received Birr as above against foreign currency

Seller's Signature

Authorized Signature

NIB 09-45F

National Printing Press PLC

비자발급비

Serial A/2

THE FEDERAL DEMOCRATIC REPUBLIC OF ETHIOPIA

MINISTRY OF FINANCE & ECONOMIC DEVELOPMENT

ME/HE 2

FOREIGN CURRENCY RECEIPT VOUCHER

Date 14/06/02

No 446543

Name of Public Body: Imm

Received From: YOUNG PARK

Mode of Collection: Cash ☐ Check ☐ Check No ____ Loan/Credit No. ____ Bank Transfer ☐ Ref. No. ____

Amount in Figure/FC/: 25 $

Amount In words/FC/: US 25

Purpose: VISA

Exchange Rate ____

For Accounts use only

Budget Category	Account Code	Amount in Birr Debit	Amount in Birr Credit	Amount in Foreign Currency Debit	Amount in Foreign Currency Credit
				25	
					25
Total				25	25

Prepared by Name and Signature　　Received by Name and Signature

Original to Payer; Second Copy to Accounts; Third Copy in Pad

식대

Restaurant OISHI

65, avenue Charles de Gaulle
95700 ROISSY EN FRANCE
Tél . 01 34 29 06 86
R.C.S. PENTOISE 511 068 066
N° TVA FR 94511068066

Date : 17/02/2010

10 REPAS

TOTAL H.T. :5.5 % 127.01
TOTAL H.T. :19.6 % 61.04
Montant HT : 188.05

TOTAL TVA 5.5 % : 6.99
TOTAL TVA 19.6 % : 11.96
Montant TVA : 18.95

TOTAL TTC :207.00 €

Merci de votre aimable visite
à très bientôt

CARTE BANCAIRE EMV

LE 17/02/10 A 22:09:11
OISHII 95
ROISSY EN FRAN
3759972
-------000254603-
--/-- 101
001 000030 17 S @
NO AUTO: ------
MONTANT :
207,00EUR
Pour information :
1357.83 FRF
DEBIT
SIGNATURE DU PORTEUR

MERCI
TICKET CLIENT
A CONSERVER

선물(빠리공항)

AEROBOUTIQUE
SCV2 - SAER
Tél : +33 (0)1.48.64.91.31
RCS : 380 193 938
Service.customer@aelia.com

TICKET / FACTURE

N VOL : AF0898 TIER
De : CDG- PARIS, CDG
Vers : FIH- KINSHASA
PASSAGER : PARK/YOUNGIL
N Titre de transport :

1050715 - VA VA:SIMPLY FR
12.99 * 1 12.99

TOTAL HT EUR 12.99

ESPECES 14 EUR
RENDU ESPECES 1.01 EUR

Montant HT 12.99 EUR

Servi par NAJET-A Nbre Articles : 1
Réf.SCV2-1-118037 VPM 359
18/02/2010 09:47:28
Session NAJET-A (1)

ASCV2-0-126881

Facture exigible par la douane
Produit pour exportation seulement
Droit et taxe acquittés conformément
A la réglementation en vigueur.

귀국선물

Emirates

Inflight Duty Free
Sales Receipt

Emirates, P.O. Box 686, Dubai, UAE
Phone: +97147083611

Date	25 Feb 2010	Time	07:31
Flight	EK 0322	Sector	DXB-ICN

Terminal Number	2120530
Aircraft Reg	A6EDF
DF Cart Number	DF457
CF Card label	UAE0308
ISR Number	100778560001
Crew ID	393932
Receipt	2

Item	Qty	Price	Amt
Handbag Holder	2	150	300
Jean Louis Scherrer BP ...	1	180	180
Cerruti 1881 Billie Pen	1	95	95
Total		AED	575

PAYMENT:

Cash	USD	158
Total	AED	575

CUSTOMER'S COPY

Please keep this copy for your records

Thank you for shopping with
Emirates Airline

TIN: 0000028457
Ethiopian Tourist Trading Enterprise
S.City.Kirkos,K.17,H.No.-.Hilton Hotel.
Addis Abeba, Tel.251-011-5540409
FS No. 00000807 DATE: 24/02/2010 16:12

============== CASH SALES INVOICE ==============
Buyer's TIN :
Customer :
Delivery No.:SH0000000000810

Description	Qty	Price	Amount
Dibba Donky	1	277.39	*277.39
Icon with Cross	1	466.09	*466.09
Ganbela Albegna	1	40.87	*40.87
Kolo Service	2	33.91	*67.82
SUBTOTAL			***852.17**

TAXABLE 1	852.17
TAX 1 15%	127.83
TOTAL:	***980.00**
?ASH	***980.00**
ITEM COUNT	4

ET AAD0005420

전자항공권 발행확인서

UNICORN
유니콘여행그룹 경인항공(주)

e-Ticket Itinerary & Receipt

홍세미 (tel 042-476-3111 , fax 042-476-3101)
smhong@flyunicorn.com

1254/12FEB10 Powered By TOPAS

승객성명	Passenger Name	**PARK/YOUNGKILMR**
예약번호	Booking Reference	810-1856
항공권번호	Ticket Number	1803841764936-937

여정 Itinerary

편명 Flight	**KE 901** (예약번호:**EN2BD4**)			경유 Via : -
출발 Departure	서울(**ICN**)	**17FEB10**	**14:00** Local Time	Terminal No. : **-**
도착 Arrival	파리(CDG)	17FEB10	18:00 Local Time	Terminal No. : 2E

예약클래스	Class	M (일반석)	항공권 유효기간	Not Valid Before	-
예약상태	Status	OK (확약)		Not Valid After	17MAY
운임	Fare Basis	MPEX3M	무료 수하물 허용량	Free Baggage Allowance	20K
			좌석번호	Seat No.	

편명 Flight	**AF 898** (예약번호:**3DGM2O**)			경유 Via : -
출발 Departure	파리(**CDG**)	**18FEB10**	**10:50** Local Time	Terminal No. : **2C**
도착 Arrival	KINSHASA(FIH)	18FEB10	18:40 Local Time	Terminal No. : -

예약클래스	Class	T (일반석)	항공권 유효기간	Not Valid Before	-
예약상태	Status	OK (확약)		Not Valid After	17MAY
운임	Fare Basis	MPEX3M	무료 수하물 허용량	Free Baggage Allowance	2PC
			좌석번호	Seat No.	

편명 Flight	**ET 831** (예약번호:**IRROWM**)			경유 Via : -
출발 Departure	**KINSHASA(FIH)**	**21FEB10**	**13:45** Local Time	Terminal No. : **-**
도착 Arrival	아디스 아바바(ADD)	21FEB10	20:05 Local Time	Terminal No. : -

예약클래스	Class	B (일반석)	항공권 유효기간	Not Valid Before	-
예약상태	Status	OK (확약)		Not Valid After	17MAY
운임	Fare Basis	MPEX3M	무료 수하물 허용량	Free Baggage Allowance	20K
			좌석번호	Seat No.	

편명 Flight	**EK 724** (예약번호:**ES66XJ**)			경유 Via : -
출발 Departure	아디스 아바바(**ADD**)	**24FEB10**	**19:35** Local Time	Terminal No. : **-**
도착 Arrival	두바이(DXB)	25FEB10	00:35 Local Time	Terminal No. : 3

예약클래스	Class	V (일반석)	항공권 유효기간	Not Valid Before	-
예약상태	Status	OK (확약)		Not Valid After	17MAY
운임	Fare Basis	MPEX3M	무료 수하물 허용량	Free Baggage Allowance	30K
			좌석번호	Seat No.	

편명 Flight	**KE5952** (예약번호:**EN2BD4**) Operated by **EK 322 - EMIRATES**			경유 Via : -
출발 Departure	두바이(**DXB**)	**25FEB10**	**03:00** Local Time	Terminal No. : **3**

http://ums.topas.net/mail/20100212/EM73908_smhong@flyunicorn.com.html 2010-02-26

전자항공권 발행확인서

도착 Arrival	서울(ICN)	25FEB10	16:00 Local Time	Terminal No. : -

예약클래스	Class	M (일반석)	항공권 유효기간	Not Valid Before	21FEB
예약상태	Status	OK (확약)		Not Valid After	17MAY
운임	Fare Basis	MPEX3M	무료 수하물 허용량	Free Baggage Allowance	20K
			좌석번호	Seat No.	

*모든 정보는 항공사나 공항 사정에 의해서 변경될 수 있습니다.

항공권 운임정보 Ticket/Fare Information

Restriction	NON-ENDS.KE5952 OPERATED BY EK FLT.KE5952 OPERATED BY EK FLT.
Conj.Ticket No.	-
Fare Calculation	M*SEL KE X/PAR Q41.00AF FIH ET ADD M SELFIH1571.70EK X/DXB KE SEL Q41.00M836.30 1S76.85P SELFIH131.12 NUC2697.97END ROE115 8.070000
Fare Amount	KRW 3124500
Equiv. Fare Paid	-
TAX	KRW 145700YQ 47400YR 28000BP 34800QX 12000FR 18300FR 41500CD 2400LW 29600IH
Total Amount	KRW 3484200
Form of Payment	. CC VI************0505/****/E 00
e-Ticket Issue Date/Place	12FEB10 / 17322056 / 042-476-3111 / 홍세미
취급수수료(TASF)	KRW 174,200 (CC ************0505/****/00)

상기 운임정보는 공시운임으로 실제 지불 금액과 다를 수 있습니다.

- 본 e-티켓 확인증과 함께 제공된 법적 고지문을 반드시 참고하여 주시기 바랍니다.
- e-티켓 확인증은 탑승수속시, 입출국/세관 통과시 제시하도록 요구될 수 있으므로 반드시 전 여행 기간 동안 소지하시기 바랍니다. e-티켓 확인증의 이름과 여권상의 이름은 반드시 일치해야 합니다.
- 대부분의 공항에서 탑승 수속 마감 시간은 해당 항공편 출발 **40**분 전(미주, 유럽 출발편은 1시간 전)으로 되어 있으니, 해당 항공편 출발 예정시각 최소 **2**시간 전에는 공항에 도착하시기 바랍니다. 단, 일부 공동 운항편의 경우 탑승 수속은 운항 항공사의 카운터에서 이루어지며, 운항항공사의 규정에 따라 탑승 수속 마감시간이 다를 수 있습니다.
- 항공사가 제공하는 운송 및 기타 서비스는 운송 약관에 준하며, 필요시 참조하실 수 있습니다. 이 약관은 발행 항공사를 통해 확인하실 수 있습니다.
- 본 e-티켓 확인증은 e-티켓의 정보 등을 확인하기 위하여 제공되는 서면에 불과하고 소지인에게 당해 운송 관련 어떠한 법적 권리를 부여하지 않습니다.

본 e-티켓 확인증을 임의로 수정 및 사용시 대한항공은 책임을 지지 않습니다.

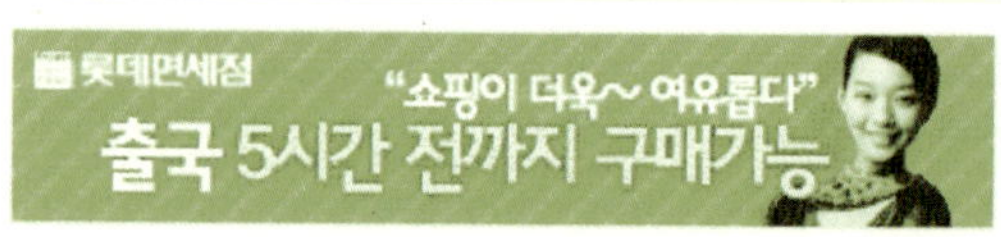

프린트 다운로드

계 약 조 건 및 중 요 안 내 사 항

본 항공권은 발행항공사 또는 해당 항공사의 승인된 대리점에서 구매되지 않았을 경우 유효하지 않으며 탑승이 거부될 수 있습니다.

알 림

여객의 최종목적지 또는 도중착륙지가 출발국 외의 타국내의 일개 지점일 경우, 동 여객은 여객의 사망 또는 상해 및 수하물의 분실 또는 손상에 대한 운송인의 책임을 통상적으로 제한하는 "와르소협 규정 및 제한의 적용을받습니다.

3 각 운송인이 행하는 운송 및 기타 서비스는 상기한 바에 저촉되지 않는 범위 내에서 (I) 본 항공권에 기재된 규정, (II) 유효한 태리프, (III) 본 계약조건의 일부로 되어있는 운송인의 운송약관 및 관련규정 (여객이 요청할 시 운송인의 사무실에서 열람할 수 있습니다.) 의 적용을 받습니다. 단, 미국 또는 캐나다 내의 1개 지점과 이외의 타국내의 1개 지점간의 운송에 관하여는 미국 및 캐나다에서 유효한 태리프가 적용됩니다.

서면으로 이의를 제기해야 하며, 지연의 경우에는, 수하물을 수취한 날로부터 21일 이내에 이의를 제기해야 합니다. 국제운송이 아닌 경우에는 국내선 태리프 또는 운송약관을 참조하시기 바랍니다.

8 본 항공권, 운송인의 태리프, 운송약관 또는 관련규정에 별도로 정한 경우를 제외하고는, 본 항공권은 발행일로부터 1년간 유효합니다. 계약조건에 의거, 운임은 운송개시 전에 변경될 수 있습니다. 유효한 운임이 지불되지 않았

출장비용보고서

성 명 :　　　　　　　　　직 위 :　　　　　　　　　소 속 :

출장기간	2010.　.　. ~ 2010.　.　.	전화번호	
출장목적			

숙박비, 교통비, 식비 (항공료 제외)										
숙 박 비 및 교 통 비(Hotel, Transportation)							식 비(Employee Meals)			
날 짜	숙박비	교통비	택시비	렌트카	통행료	소 계	조식	중식	석식	소 계
계						(A)				(B)

항공료(Air fare)					
출 발 일	도 착 일	등급(Fare class)	운항경로(RoutingDetail)	항 공 사	금 액
				계	(C)

접대비(Business Meal & Entertainment)			
날 짜	장 소	사용내역 : 고객명 및 담당자, 접대목적등	금 액
		계	(D)

기타(Others)		
날 짜	내 역	금 액
	계	(E)

비용총계(Total Expenses)		
숙박비, 교통비	(A)	
식비	(B)	
항공료	(C)	
접대비	(D)	
기타	(E)	
비용총계	(A+B+C+D+E)	

전불액(Cash Advance) (F) (날짜:　　　　　)		
차 액(Balance) {F-(A+B+C+D+E)	반 납 액(Due Company)	청 구 액(Due Employee)

6 문서 관련 업무

SUMMARY

Summary

문서 관련 업무

1 사무 활동의 기본적인 매체

문서	문서 정리	문서 관리	전자 문서
문서, 도서, 대장, 카드, 도면, 시청각물, 전자문서 등 모든 형태의 기록 정보자료	문서를 정리, 보관, 폐기하는 체계적인 방법	문서의 수집, 작성, 보관, 활용 및 이에 부수되는 제반 활동	전자문서는 전산망을 활용하여 작성, 시행 또는 접수, 처리되는 문서

2 목적에 따라 작성되고 필요한 곳으로 전달

작성주체	유통대상	처리단계
공문서 사문서	사내문서(대내문서) 사외문서 전자문서	접수문서 선람문서 기안문서 시행문서 완결문서 보관문서 보존문서 폐기문서

3 문서는 정확한 정보 전달이 생명

- 정확성
- 용이성 및 간결성
- 신속성
- 경제성

4 문서정리(filing) 및 관리

문서정리의 목적	문서정리의 방법	문서관리의 원칙
• 신속한 검색 • 개방화 • 장표의 감축 • 비품의 감축 • 사무환경 개선	• 가나다식 문서정리방법 (명칭별, 주제별, 지역별) • 번호식 문서정리방법 • 혼합식 분류법 • 표제별 분류법 • 형식별 분류법 • 프로젝트별 분류법 • 전자문서 파일링	• 표준화 • 간소화 • 전문화 • 자동화(과학화)

차후 소중한 활용가치가 있는 문서의 올바른 편철 법

- 일정한 시간을 정해 파일링 (한달에 한 번)
- 처리된 문서는 문서철에 완결 일자 순으로 최근 문서가 위에 오도록 배열
- 클립, 핀 등은 파일에 넣기 전에 제거
- 찢어진 서류는 투명테이프로 정리 후 파일
- 문서는 사안 단위로 관련 문서끼리 편철(100매 이내)
- 폴더를 꺼낼 때 견출부분만 잡지 말 것
- 통일된 디자인의 폴더나 견출지 사용-컬러별, 조직적 이름으로 정리
- 여러 매수인 한통의 문서는 풀이나 스테플러로 고정
- 종이 사이즈가 커서 접어 두는 문서는 제목이 보이게 접을 것
- 파일 자료 두께가 1인치 이상 시 새 폴더 사용

문서 관리 절차는 신속, 정확하게

파일절차	내 용
구분	여러 문서 중에서 파일링할 문서를 선별, 정리
분류	구분된 문서를 분류법에 따라 문서를 분류
편철	사안 단위로 관련 문서끼리 일정한 분량으로 편철
보관	편철한 문서를 일정기간 서류함에 보관
이관	보관 중인 문서를 이용가치가 떨어지면 문서 관리를 주관하는 부서로 인계하여 보존단계로 옮기는 것
보존	이관된 문서를 문서보존기간 동안 보존
폐기	보존기간이 끝난 문서를 폐기

5 전자결재 시스템의 특징

① 문서양식의 단순화

② 문서작성과 유통의 표준화

③ 문서유통의 투명성

④ 사용자 편의 중심의 시스템

⑤ 문서작성의 실명제

⑥ 사무 처리의 신중성 제고

6-1 중요 문서의 수정 처리 방법

상사가 비서에게 인사 관련 파일이 담긴 USB와 수정 할 내용이 표시된 출력된 문서를 주며 수정을 하라고 하였다. 비서는 USB에 담긴 인사 관련 최근 파일로 열어 수정 하여 출력 한 뒤 수정한 문서만 상사에게 가져다 드렸다. 그랬더니 잠시 후 상사가 비서를 다시 불렀다.

연구문제

1. 왜 상사는 비서를 다시 불렀을까. 이러한 경우 비서의 업무처리 방법 중 개선해야 할 사항은 무엇이며 어떻게 하는 것이 바람직한지 제시하시오.

6-2 문서 작성 업무

어느 날 회장이 이 비서에게 미국 거래처에게 보낼 필기체로 쓴 감사장을 워드로 작성하라고 지시했다. 회장은 평소 글씨를 아주 작게 쓰며 영문 필기체로 연필로 쓰기 때문에 알아보기가 힘든 글씨체였다.

예시) Thank you for coming

비서는 종이를 한참 들여다보며 한 자 한 자 적어나갔다. 몇 분 후 회장이 감사장은 언제 쯤 완성 되냐며 비서에게 물었다. 비서는 아직도 많이 남은 것을 보며 한숨을 쉬었다.

연구문제

1. 비서가 시간을 절약하며 효율적으로 감사장 작성 업무를 처리하려면 어떤 사무기기를 활용해야할까? 회장실의 사무기기는 FAX, 복사기, 프린터, 컴퓨터 등이 놓여 있다.

6-3 행사 안내장 작성 및 발송

상사는 회사에서 부사장으로 근무하면서 학창시절에 같이 장학금을 받았던 분들과 뜻을 모아 장학재단을 설립하여 회장을 맡아 그 동안 장학기금을 적립하여 오다가 이번에 첫 장학금을 지급하게 되었다.

따라서 정기총회겸 첫 장학금 지급을 자축하는 의미에서 전북 진안에 위치한 온천장에서 모임을 갖기로 하고 이 사실을 모든 회원에게 알리는 안내장을 만들고자 하였다.

구체적인 사항으로는 안건은 임원선출 및 회칙개정, 장학금수혜 대상자 결정 등이고 2월 24일(토)~25(일) 양일 간의 주말을 이용하여 진안에 위치한 덕천 온천장(☎: 052) 6243-0151)이란 곳에서 모이며 교통편은 교통체증 시를 대비할 겸 친목도 도모할 겸 대형 관광버스를 대절하여 서초 구민회관 뒤 주차장에서 24일(토) 오후 4시에 출발하기로 하였다.

연구문제

1 이 행사를 알리기 위한 안내장을 작성하시오.

2 완성된 안내장을 회원들에게 배포하는 방법에는 어떠한 방법이 있는지 알아보자.

3 이 경우와 같이 잘 알려지지 않은 동떨어진 장소에서 행사를 개최할 경우 배려해야 할 사항들은 어떠한 것이 있나 점검해 보자.

4 안내장을 배포한 후 주최측에서 해야 할 업무는 무엇인가?

2010년 제 15 기 한모둠 장학재단 정기총회

경인년 새해를 맞이하여 제 15 기 한모둠 장학재단 정기총회를 개최하오니 전 회원은 가족들과 함께 빠짐없이 참석하여 주시기 바랍니다.

◎ 안　　건 :
◎ 일　　시 :
◎ 장　　소 :
◎ 출발시간 :
◎ 출발장소 : 서초 구민회관 뒤 주차장(약도참조)
대한생명 대형버스

약　도

2010. 2. 13

한모둠장학재단이사장 김 영 하

6-4 문서 작성 및 발송

아래의 원고는 대일무역의 사장비서로 근무하고 있는 비서 P씨가 2010년 3월 15일 상사로부터 워드프로세싱으로 문서작성하라고 지시 받은 것이다.

수 신 : **각 부서장**

제 목 : **재고 조사 준비 사항 통보**

이번에 본사에서는 생산되는 각종 원자재 및 완제품에 대한 재고 조사를 실시하여 국제 경쟁력 제고를 위한 개혁을 아래와 같이 실시 하고져 하니, 협조하여 주시기 바랍니다.

- 아 래 -

1. 각 부서별 재고 조사 일정에 맞추어 실시할 예정이니, 업무에 착오가 없기 바라며
2. 각 부서는 공정별로 제품을 세분화하여 제품 목록 카드를 비치하고,
3. 소정 양식에 의거하여 부서간 혼선이 오지 않도록 상호연락을 통하여 협조 체제를 구축하고, 업무처리에 효율성을 기하기 바람.

부서별 제품 재고 조사 일정

구 분	지역구분	조사책임자	재고조사 일정	비 고
제 1공장	인천지역	공 장 장	2010. 4. 21.	본사 사장 입회
제 2공장	충남지역	기획 실장	2010. 4. 22.	본사 부사장 입회
제 3공장	부산지역	공 장 장	2010. 4. 23.	본사 상무 입회
제 4공장	전주지역	공 장 장	2010. 4. 24.	본사 전무 입회

4. 특히 이번 재고 조사는 본사의 사운을 거는 중차대한 부분으로써 회장님의 특별 지시임을 유념 할 것.
5. 재고조사가 완료되는 2010. 4. 30 10:00에는 당사 종합회의실(5F)에서 총체적 회의가 있으니 해당조사 책임자 및 입회자 전원 참석하시기 바랍니다.

끝.

연구문제

1 이 초안을 목적에 적합한 형태로 워드프로세싱하여 문서로 만드시오.

(사내문서는 백지에, 외부 발송용 문서는 인쇄된 서식(Letterhead)에 프린트한다)

비서가 작성한 문서

2 일단 워드프로세싱을 다 마치면 검토한 후 상사에게 결재를 받는다. 결재를 마친 후 해야 할 일은 무엇인가?

6-5 기밀문서 작성 및 관리

HS Software의 인사담당 이사의 비서인 U씨는 2010년 2월 15일 연례봉급 인상 시기인 3월을 앞두고 상사로부터 다음과 같이 각 개인에게 배부할 급여 인상 통보 문서를 작성하도록 지시 받았다. (급여인상 적용일: 3월 1일)

	성명	부서	직위	인상 전 급여	인상 후 급여
1.	박영후	기술부	부장	4,100,000	4,500,000
2	최희수	영업부	차장	3,800,000	4,000,000
3.	김지열	총무부	과장	2,500,000	2,800,000
4.	이희숙	비서실	비서	1,800,000	1,950,000

연구문제

1. 이 업무를 수행함에 있어서 유의해야 할 사항들은 무엇인지 생각해 보자.

2. 업무 진행 순서를 생각해 보자.

1)

2)

3)

3 각 해당자들에게 급여인상을 통보하는 문서를 기안하라. 또 이러한 문서를 작성할 때 활용 가능한 워드프로세싱 기능에는 어떠한 것이 있나?

성 명 :
부 서 :
직 위 :
제 목 : 연례 급여 인상

HS Software 사 장 ○ ○ ○
인사담당이사 ○ ○ ○

4 각기 문서를 완성하여 결재 받아 배부한 후 파일방법에 관해 연구해 보자.

6-6 사외 발송 문서

컴퓨터 협회 사업국 사업 부장의 비서는 상사로부터 아래와 같은 자료를 건내 받으면서 홍보를 위해 대외로 발송할 문서를 작성하라고 지시 받았다. 주어진 자료를 근거로 문서를 양식에 맞추어 작성하고, 이 문서를 발송할 봉투도 작성해 보자.

컴퓨터 협회 주소 - 서울특별시 영등포구 여의도동 33-16
전화 - 546 -2317

(1) 컴퓨터 전시 안내 자료

① 전시 기간 : 2010. 5. 6 ~ 5. 8.(10 A.m. ~ 6 P.m.)

② 전시 장소 : 여주

③ 전시 품목 : IPod Touch, iphone, 사무자동화 시스템, 콤퍼넌트, 데이터 통신 제품, 미니컴퓨터 보드, 마우스, 모니터, 소프트웨어, 노트북, 파워시스템, 기억장치, LAN관련 제품, 컴퓨터 테이블 소모품 및 관련 출판물 등

④ 참가 안내

㉮ 참가 비용 : 100,000원 (교통비, 숙식비, 입장료, 보험 가입비, 안내 경비)

㉯ 참가 신청 : 신청서 (본사 소정 양식), 신청금 납입

㉰ 신청 마감 : 2010년 4월 15일

㉱ 문의 및 접수 : 컴퓨터 협회 사업국 사업부

☎ : 584-3228 교) 210-231, 565-3828

⑤ 시찰 일정표

일자	지역	시간	일정
제 1일 (5월 6일)	서울	08 : 35	강남터미널 출발
		13 : 00	중식
	여주	15 : 00	여주터미널 도착, 관련업체 방문
		19 : 00	석식 후 호텔 투숙
제 2일 (5월 7일)	여주	09 : 00	조식 후 COMPUTEX-여주 참관
		전일	정보수집
제 3일 (5월 8일)	여주	09 : 00	조식 후 COMPUTEX-여주 참관
	서울	14 : 00	중식 후 여주 출발
		20 : 00	서울 강남터미널 도착

※ 본 일정을 마치고 희망자에게 한하여 연장 체류 가능

(2) 안내 자료 발송처

(3) 봉투

(2) 번의 발송처 중 한 곳을 선정하여 실제로 보낼 봉투를 양식에 맞추어 작성하라.

6-7 면담 요청서 작성

다음과 같이 면담요청서를 준비하시오.

당사는 미국계 은행 Bank of Boston의 서울지점이다.

금번 당 은행의 창립 20주년을 기념하기 위해 본점의 회장인 Mr. Sheman Lewis 씨가 한국을 방문하게 되어 2010년 5월 6일~8일 사이에 아래의 거래처에 대해 면담을 실시하고자 한다.

이때 서울 지점에서는 박철수 서울지점장, 김인호 부지점장이 동행할 예정이며 방문목적은 인사소개 및 국제 금융 시장에 관한 의견을 교환하고자 하는 것이다.

방문하고자 하는 회사명 및 성명, 직책, 회사의 위치 등은 다음과 같다.

	회사명	직책	성명	회사위치	방문일시
1.	이화물산	회 장	김 청	서울 여의도	
2.	경기산업	사 장	안수본	서울 삼성동	
3.	서울증권	부회장	김소예	서울 종로	
4.	안양투신	사 장	김정언	경기 안양	
5.	대림산업	행 장	정성엽	과천	
6.	제일투자금융	사 장	김준호	서울 학동	

연구 문제

1 이들 회사들에 대해 적절히 시간을 배정하여 면담요청서를 준비해 보시오.

◎ 작성요령

- 일정 배정시에 고려해야 할 사항들이 무엇인지 생각해 보자
- 짜임새 있는 문서를 구성하려면 어떻게 해야 할까?
- 이러한 비슷한 내용의 문서(부분적으로만 다름)를 여러 부 작성할 때 활용되는 워드프로세싱 기능에는 어떠한 것이 있는지 알아보자.
- 사내에서 사본을 배부해야 할 곳은 어떠한 곳일까?

BANK of BOSTON

수　신 :
발　신 :
날　짜 :
제　목 :

BANK of BOSTON　서울지점장 박 철 수

6-8 영문 문서 작성

연구문제

1 아래의 문서 초안(draft)을 Block style로 외부 발송할 문서로 작성하시오.
(필요한 경우 Letterhead도 본인이 만들어 작성하시오)

> One of the great needs today in preparing young people to become competent stenographers is to improve their proficiency in grammar usage. You will find that 'Communications in Today's Business' is the most effective book on the market to prepare your students to use good grammar in business communications.
>
> The author, Dr. Janet Green, has a fine background in business writing. She has been a professor of business for a number of years and has done a great deal of research in this field.
>
> With her excellent background, Dr. Green has written a book that has been long needed for teaching writing skills.
>
> If you would like to receive an examination copy of Communications in Today's Business, return the enclosed card. After you have examined it, we are confident you will want to use it in your classes. Sincerely yours,

받는 이	보내는 이
Dr. C . E . Shannon Director Columbo Plan Staff College Bldg. Block 0, UL Complex Meralco Ave. , 1600 Parig Metro, Manila	

2 아래의 사내 배포용 MEMO를 워드프로세싱하여 작성하시오.

Meetings Memo

Date: December 10, 2010

To: Staff

From: Mark Green

Subject: Staff Meetings

Throughout the coming year, staff meetings will be held at 8:30 a.m. every Monday morning. You will be notified by memorandum of any canceled meetings at least one week in advance.

Several changes to the regular meeting schedule are as follows: Tuesday, February 5; Tuesday, March 12; Tuesday, May 7; and Wednesday, August 7.

Please note these meetings on your calendar. We will try very to maintain this schedule so that further changes are not necessary.

3 아래의 문서를 Indented Style 로 작성하시오. 수신처는 임의로 5곳을 선정하여 작성하시오.
(필요한 경우 Letterhead도 본인이 만들어 작성하시오.)

> We will soon be moving! As you may have heard, the First Chicago Bank is planning a new building on which construction is scheduled to begin soon.
>
> But before we can start to build our new banking office and shopping complex, we will have to vacate our old building. Therefore, we will be temporarily located at 113 Main Street beginning Apr. 5.
>
> We will offer the same services you are accustomed to receiving at our old location. In addition, we will have new drive-in facilities at the temporary location.
>
> We hope you will not find these new arrangements too inconvenient.
>
> We are excited about our new building, and we will keep you posted as it takes shape.
>
> In the meantime, won't you come in to see us in our temporary location. Sincerely yours,

받는 이	보내는 이
	Harry A. Smith General Manager L.A. Branch, First Chicago Bank 350 Post St. Suite 303 Los Angeles, CA 90026 Phone (213) 336-1145 FAX (213) 336-1144

6-9 초청장 작성 및 발송

초청장을 워드 프로세서로 작성하고 이를 아래에 열거한 초청 대상자들에게 실제로 배포하기 위한 초청장으로 완성하시오. 또한 이를 발송할 봉투도 작성하여 발송할 준비를 완료하시오.

대한 축구 협회

서울특별시 서초구 서초동 대림빌딩 5층
전화 : (02) 546-1222

대한 축구협회 세미나에
여러분을 초대합니다.

초대합니다. ____________에 계시는
____________ 님
________________________________(주소 및 전화번호)

날짜/시간　2010년 4월 5일 오후 2시

장　　소　대한 축구협회 세미나실

발표 내용
▶ 대한 축구협회 개정 약관
▶ 대한 축구의 문제점
▶ 대한 축구협회의 수지 개선 방안

부탁합니다.

승용차로 오시는 분께서는 서초구 서초동 대한축구협회 옆 주차장을 이용하여 주시기 바랍니다. 대중교통을 이용하시는 분은 가까운 전철 서초역에서 내려 주시기 바랍니다. 저희 사무실까지 걷게 되는 약 500m거리의 길은 깊은 봄 정취를 느낄 수 있는 길입니다. 가능한 한 꼭 참석하여 자리를 빛내 주시기 바랍니다.

- 감사합니다 -

초청장 문안

	성 명	소 속	직위	전화번호	주 소
1	김지영	동주산업주식회사 인사부	부장	02) 586-4589	서울시 금천구 시흥4동 830-12 14통 8반
2	최인호	(주)애드플라이(한일애드)	실장	02)2267-0923	서울시 강남구 논현동 65-8호 동성빌딩 2층
3	나선덕	조흥은행 영업부	대리	02) 805-2149	서울시 동작구 신대방 1동 845-18 9통 4반
4	김경태	도서출판 두양사	영업이사	02-3417-2500	서울시 서대문구 홍은 3동 277-157
5	이희철	한국투자신탁 주식업무부	계장	02) 515-4862	서울시 영등포구 신길5동 334-23 4통 3반
6	임재덕	주식회사 대우 인재개발부	전무	02) 993-5419	서울시 관악구 신림13동 390
7	김명숙	녹향 메디컬	행정원장	031) 310-5700	경기도 시흥시 하중동 825-1
8	우창승	데이콤 생산부	대리	02) 501-4628	서울시 서대문구 남가좌동 39-24 22호
9	김민식	국민건강보험공단	지사장	02)2289-5100	서울시 강북구 번1동 464-1
10	허재식	선경그룹 판매부	계장	02) 463-4862	서울시 마포구 마원동24-3

초청 대상자 명단

7 정보 관련 업무

SUMMARY

Summary

정보 관련 업무

1 정보란?

자료(data)는 사건이나 사태를 단순히 기술적으로 표현한 것이며 정보(information)는 활용하는 사람의 목적과 의도에 따라 체계적으로 수집, 분류, 가공된 상태를 말함

2 다양한 정보들…

- 시사, 경제 정보
- 인물 정보
- 보고서 자료
- 상사 발표자료
- 상사 개인자료
- 통신 관련자료
- 해외 관련 자료

★ 비서는 업무 처리에 적절한 노하우(know-how)와 정보의 소재를 신속하게 찾아낼 수 있는 노웨어(know-where)를 갖고 인터넷을 이용하여 정보를 수집, 활용해야 한다.

3 비서가 자주 접하는 인터넷 사이트

경영 정보 및 지식 검색	주식시세, 환율시세, 기업체 관련 기사, 사회문제, 도서 관련, 인물 프로필 검색
예약 업무	전화번호 및 주소 검색, 위치 찾기, 인터넷 예약하기, 경조사 관련 우편 발송, 항공권 및 숙박업소 예약, 회의 장소 예약 업무, 레스토랑 예약
출장 관련 업무	출장지 관련 정보, 기후 정보, 비자 관련 정보
경조사 관련 업무	인사 및 경조사 파악, 인터넷 뱅킹, 화환 배달
문서관련 업무	문서 양식 사이트, 신청서 작성

4 정보는 양보다 그 가치가…

유의사항들…

- 중요한 서류나 메모의 원본이나 사본은 문서 세단기를 이용하여 파기
- 친한 동료나 타부서의 상사에게 함부로 기밀을 누설금지
- 서류 취급 시 회사에서 정한 기밀 등급(극비, 대외비)의 규정에 유의
- 서류함 열쇠를 잘 보관
- 컴퓨터나 팩스, 복사기 사용 시 보안에 유의
- 사무실이나 회의실 정비 시 보안점검을 철저히
- 서류함, 디스켓의 보안 유지
- 중요서류는 회사 밖으로 가지고 가지 않을 것
- 회사 밖의 사적인 모임장소에서 회사나 상사와 관련된 내용언급 자제
- 외부인에게 회사나 상사의 근황을 지나치게 자세히 설명하지 말 것

복사 후 원본을 복사기에 그대로!!

5 올바른 지시와 보고는 정확한 업무수행의 지름길

▶ 지시받기

- 지시를 받을 때는 메모
- 우선 끝까지 듣고 질문
- 지시를 받은 뒤 간단히 복창해 확인
- 지시받은 업무에 즉시 착수

▶ 보고하기

- 명령, 지시받은 일을 끝내면 즉시 보고
- 결론을 먼저 말하고 이유, 경과 등의 순으로 보고
- 미리 보고할 내용을 정리해서 육하원칙에 따라 요점을 순서대로 메모
- 요점을 강조하되 추측이나 억측은 피하고 객관적으로 설명
- 시일이 걸리는 일은 중간보고를 통해 경과, 상황 등을 빠짐없이 보고
- 보고는 지시한 사람에게
- 보고 후 상사의 피드백을 메모하여 명확히 함

6 프레젠테이션의 성공여부는?

- ✓ 꼭 필요한 자료를 근거로 흥미로운 구성
- ✓ 적절한 도구의 선택
- ✓ 진행상황에 문제가 없도록 발표장 점검을 철저히
- ✓ 실제 발표 장소에서의 리허설
- ✓ 중간에 청취자의 반응을 확인하며 진행

7-1 정보 관리

황교수 연구실에서 실습생이 문서작성 업무를 하고 있었다. 그러던 도중 한 학생이 연구실에 찾아와서 황교수님이 "강의에 필요한 파일을 달라고 하여 가져오라"고 하였다고 하였다. 그래서 실습생은 그 학생에게 강의관련 파일을 주었다. 강의를 마치고 온 황교수는 실습생으로부터 보고를 받더니 "일을 그렇게 하면 어떻게 하나" 하고 꾸중을 했다.

연구문제

1. 실습생이 잘못한 점을 지적하고 개선점을 제시하시오.

7-2 자료 조사 및 정리

상사가 도서관에 있는 주식에 관한 문헌을 조사해 오라고 지시하셨다. 비서는 도서관 사이트에 들어가서 주식에 관한 책의 제목과 지은이를 조사하여 출력하였다.

작성한 내용은 다음과 같다.

책 제목	지은이
주식으로 부자 된 사람들의 비밀 100가지	21세기재테크연구소
한국의 유가증권 100년사	이영훈
조동춘 사랑 받는 여성, 10 : 손자병법 주식투자	한국투자전략연구소
(캔들스틱을 이용한) 주식투자 기법	플러스증권투자연구소
(이종우의) 정석으로 하는 주식투자	이종우
주식시장의 기술적 분석 : 기본적 분석에서 기술적 분석까지	최세일

연구문제

1 비서가 문헌을 조사하면서 보완해야 할 점은 무엇인가?

7-3 정보 관리 및 활용

상사께서 평소 연락하고 지내시는 분들의 연락처 목록인 Contact List가 작성되어 있는 MS Excel로 작성된 자료를 MS Access 프로그램에 옮기고 그것을 이용하여 편지를 발송하기 위한 봉투 레이블을 작성하고 주소가 입력되어 있는 분들만 레이블을 출력 하라고 지시하였다. 비서는 MS Access에 옮기고 봉투 레이블을 작성하여 전부 출력 하였다. 작성한 레이블 내용은 다음과 같다.

연구 문제

1 아래의 문제를 읽고 잘못된 곳을 지적하고 이를 보다 적절하게 고쳐 보시오.

	A	B	C
1			
2	성명	소속	주소
3	이경은	대림대학 비서행정과 교수(소속)	경기도 안양시 동안구 비산동 526-7
4	Y유예나	S-Line 한의원 원장 부인(소속)	강남구 도곡동 타워팰리스 Z-1004
5	김민선	SK telecom	
6	C철수친구(영희)		서울시 구로구 개봉본동
7	최혜선	동화약품㈜ 부회장	
8	김지영 사장	대한항공	

〈Contact List〉

경기도 안양시 동안구 비산동 526-7 대림대학 비서행정과 교수(소속) 이경은 (우)	강남구 도곡동 타워팰리스 Z-1004 S-Line 한의원 원장 부인(소속) Y 유예나 (우)
SK telecom 김민선 (우)	서울시 구로구 개봉본동 C 철수친구(영희) (우)
동화약품(주) 부회장 최혜선 (우)	대한항공 김지영 사장 (우)

〈Access Program으로 출력한 레이블〉

참고

이름 앞에 숫자 및 알파벳은 MS Excel 자료를 작성할 때 상사가 알아보기 쉽게Grouping 하기 위해 분류한 기호이다.

2 이러한 경우 비서가 레이블 작성 및 출력하는 업무를 수행하는 바람직한 방법을 순서에 맞게 제시해보시오.

7-4 연락처 정보 관리

상사께서 평소 연락하고 지내시는 분들의 연락처 목록인 Contact List(MS Excel로 작성된 file)를 정리하면서 업데이트 된(updated) 부분을 추가하여 프린트 해달라고 지시를 하셨다. 비서는 업데이트 된 부분을 추가하여 정리를 해서 프린트 한 것을 상사께 드렸다. 상사께서 검토해 보시더니 사람이름과 전화번호 등이 맞지 않는 것 같고 무언가 좀 이상하다고 하면서 비서에게 수정 표기한 문서 원본과 종전의 File을 가지고 오라고 하셨다. 그런데 비서는 원본 file을 가져다드리시 못했다.

[illegible]	[illegible]		
김만석		409-4729	
김말순		704-4080	
김명숙	031)310-5755	011-799-9716	녹향메디컬 행정원장
김미림	011-217-5108	593-5108	
김미영		010-4247-9586	
김미정	(031)467-4979	031)442-2611	017-714-4624
김민숙	317-1596	031)903-8862	771-2910(F)
김민식	02)2289-5100		국민건강보험공단 강북지사장
김상근	02)500-1541		농림부 혁신인사기획관실 사무관
김상훈	031)350-8907	011-815-1179	㈜한텍엔지니어링 경영지원부 과장 (F)031-350-8960
김선엽	02)373-2212	031)201-2306	016-225-4894
김성민	02)500-1946	011-9709-1946	농림부 혁신인사기획관실 사무관
김성배	02)2610-0446		교통안전공단
김성애	751-8808,647-3458(H)	011-751-8803	sakim@panasia-capital.com
김성희	02-454-2077	010-9989-2077	
김송희	540-6270 ex)318	515-4886	
김수미	010-9185-5421	011-244-7896	
김수진	739-8633		교통부 장관실
김숙자	2186-7805	011-9705-8277	㈜라미드 마케,커뮤니케이션 총괄이사
김숙자	518-6328~9	011-9705-8277	Career Net,예기 542-7317~8
김신덕	031)418-0786		
김신연	02)2290-2366,2216	010-6738-8336	한양여자대학 예절서비스센터장 여성인력개발과 교수/문학박사 /133-793 서울시 성동구 행당동17
김아라		010-3043-3693	
김아름		010-9220-8522	
김애영	2230-3834	011-272-9260	호텔 신라 면세점
김영경		011-387-6958	

수정 전 프린트 했던 것

김만석	(031)467-4979	031)442-2611	
김말순	317-1596	031)903-8862	
김명숙	02)2289-5100		녹향메디컬 행정원장
김미림	02)500-1541		
김미영	031)350-8907	011-815-1179	
김미정	02)373-2212	031)201-2306	017-714-4624
김민숙	02)500-1946	011-9709-1946	771-2910(F)
김민식	02)2610-0446		국민건강보험공단 강북지사장
김상근	751-8808,647-3458(H)	011-751-8803	농림부 혁신인사기획관실 사무관
김상훈	02-454-2077	010-9989-2077	㈜한텍엔지니어링 경영지원부 과장 (F)031-350-8960
김선엽	540-6270 ex)318	515-4886	016-225-4894
김성민	010-9185-5421	011-244-7896	농림부 혁신인사기획관실 사무관
김성배	739-8633		교통안전공단
김성애	2186-7805	011-9705-8277	sakim@panasia-capital.com
김성희	518-6328~9	011-9705-8277	
김송희	031)418-0786		
김수미	02)2290-2366,2216	010-6738-8336	
김수진		010-3043-3693	교통부 장관실
김숙자		010-9220-8522	㈜라미드 마케,커뮤니케이션 총괄이사
김숙자	2230-3834	011-272-9260	Career Net,예기 542-7317~8
김신덕		011-387-6958	
김신연			한양여자대학 예절서비스센터장 여성인력개발과 교수/문학박사 /133-793 서울시 성동구 행당동17
김아라			
김아름			
김애영			호텔 신라 면세점
김영경			

수정 후 프린트 한 것

연구문제

1 비서가 원본자료를 업데이트하면서 잘못한 행동은 무엇인가?

이러한 업무를 수행할 때 바람직한 방법을 제시해 보자.

7-5 정보 수집(자료 수집, 분석)

요즘 들어 여성이 진출할 수 있는 직종이 매우 다양해져 가고 있다. 여성이 진출할 수 있는 직종에는 어떠한 것들이 있으며, 요구하는 자격요건은 어떠한 것인지, 또 최근의 비서를 채용하고자 하는 기관들의 추세를 파악하고자 한다.

연구문제

1. 인터넷 구인 site에서 여성을 대상으로 한 구인 공고를 20가지 검색하여 직종, 구비조건, 대우 등을 분석해 보자.

2. 인터넷 구인 Site에서 비서구인광고를 20가지 스크랩하여 어떤 분야의 기관들이 주로 비서를 공개모집하고 있으며 각기 원하는 비서의 자격이나 자질, 기능요건 등을 분석해 보라. 특히 분야별로 비서에게 요구하는 자격요건에 차이가 있는지 비교해 보라.

7-6 국제적 정보 송·수신 및 보고

외국에 출장가신 상사가 전화로 비서에게 회의에 필요한 자료들을 찾아 영어로 작성하여 회의시작 전에 메일로 보내달라고 하셨다. 비서는 바로 회의 양식을 「한글 2005」로 작성하여 보내드렸다. 그런데 회의 도중 상사에게서 전화가 와서 비서에게서 받은 문서 file이 열리지 않는다고 하였다. 결국 회의에 필요한 자료가 열리지 않아 회의가 지연이 되는 일이 발생하였다.

연구 문제

1. 비서가 자료를 찾아 문서로 작성했을 때 잘못한 점은 무엇인가?
   바람직한 업무처리 방법을 순서에 맞게 차례로 제시하시오.

7-7 거래처의 명단 작성

아래의 명함들은 상사가 가지고 있던 것으로 비서에게 건네준 것이다. 이들을 순서대로 정리하여 거래처 명단(Contact list)을 작성하시오.

Design Pic up
creative intelligence
디자인픽업
서울시 중구 초동 21-1 기영빌딩 603호
kiyoung bldg, 601(5F) 21-1, cho-dong, chung-ku, seoul, korea
tel'02 2285 6376 fax'02 2285 6377 mobile'016 408 2728
e-mail' yyalong@naver.com webhard' ID_picup PW_6376
designpickup 실장 김원주

교수 최 병 권
국제경호비서학과
California Western University
6531 Emmerdale St. Mira Loma. CA 9172 USA
213-480-3041(America) 02-2226-2423(Korea)
Mobile: 011-1782-5432, 070-7518-5432
E-mail: 2000bchoi@hanmail.net

CALIFORNIA WESTERN UNIVERSITY
PGA
Johnny J. Park
Dean & Professor
PGA Professional
Los Angeles Country Golf Course
Marshall Canyon. PGA Head Pro
3435 Wilshire Blvd. #1850, Los Angeles, CA 90010 USA
TEL: 213-480-3042 FAX: 213-480-3043
Cell Phone: 213-249-0105 E-mail: johnnypark@pga.com

INNO DESIGN
Palo Alto, USA / Seoul, Korea / Beijing, China
20th
김 영 세 Young Kim
대표이사 / President & CEO
INNODESIGN Inc.
(주)이노디자인 서울 강남구 청담동 1-24 3층 이노디자인센터 135-100
3F 1-24 Chungdam-dong, kangnam-gu, Seoul 135-100, Korea
Tel +82 2 3445 6481 Fax +82 2 3447 5465
ceo@innodesign.com www.innodesign.com

공항송영서비스, 관광가이드
골프여행, 수출입및구매대행
10인승 그랜드캐빈
서 영 민
Seo Young Min
110-0003 Tokyoto Taitoku Negisi 2-21-15 mamada 207
TEL:080-3123-2197 TEL:03-5824-9906 FAX:03-3874-0306
E-mail:seo04020902@hanmail.net (株)S E O

EASTERN MAINE COMMUNITY COLLEGE
Bangor, Maine
Building a Stronger Maine. . . One Student at a Time
Maia Fowler
Co-Chair Business Management Dept.
354 Hogan Road · Bangor, ME 04401-4280
207-974-4890 · 1-800-286-9357 · Fax 207-974-4608
mfowler@emcc.edu · www.emcc.edu

대표이사
이 화 진
conedu
(주)커네듀
서울시 서초구 방배동 831-1번지 동일빌딩 302호
Phone 02-3481-3321
Mobile 011-1723-0373
Fax 02-3481-3398
E-mail ceo@conedu.co.kr

EASTERN MAINE COMMUNITY COLLEGE
More.
Technical, Career & Transfer Education
Changsu Lee
Director of Integrative English Training Program
& Mathematics Instructor
354 Hogan Road • Bangor, ME 04401-4280
207-974-4687 • 1-800-286-9357 • Fax 207-974-4608
clee@emcc.edu • www.emcc.edu

HOSANNA Media
이사 서 대 복
㈜호산나미디어
(우)110-740 서울시 종로구 연지동 136-56 13층 1304호
tel_070 7433 4060 fax_02 708 4080
cp_010 6736 8188 e-mail bigbok@hosanna.net

EASTERN MAINE COMMUNITY COLLEGE
Bangor, Maine
Building a Stronger Maine. . . One Student at a Time
Stan Carson
Co-Chair, Instructor
Business Management Dept.
354 Hogan Road · Bangor, ME 04401-4280
207-974-4612 · 1-800-286-9357 · Fax 207-974-4608
scarson@emcc.edu · www.emcc.edu

샘 안양병원
SAM General Hospital

기획팀 | 계장
효산장학문화재단 사무국
김 혜 영

430-015
경기도 안양시 만안구 안양5동 613-8
대표전화 : 031-467-9729
팩 스 : 031-449-0151
휴대전화 : 010-7575-8004
E-mail : aprodite329@hotmail.com
Homepage : www.samhospital.com

샘 안양병원
샘 여성병원
샘 한방병원

해외진료서비스

국제의원

원장
김 수 영

서울 용산구 한남2동 737-37
(한남빌딩 501호)
TEL : (02)790-0857~9
FAX : (02)798-7480
E-mail : syk114@unitel.co.kr

www.internationalclinic.co.kr
www.e-internationalclinic.com

샘 안양병원
SAM General Hospital

경영지원실 | 실장
류 병 철

430-015 경기도 안양시 만안구 안양5동 613-8
대표전화 : 031-467-9114
직통전화 : 031-467-9730
팩 스 : 031-449-0151
휴대전화 : 010-7575-0001
E-mail : medisam@naver.com

샘 안양병원
샘 여성병원
샘 한방병원

總 長
文學博士 柳 吉 東

漢陽女子大學

Tel_ 02 2290 2114 / 02 2290 2000~1
Fax_ 02 2290 2005
e-mail_ kdyou@hywoman.ac.kr
서울市 城東區 杏堂洞 17 漢陽女子大學 本館 2層

도서출판 두남
http://www.dunam.co.kr

상무 이 승 구

서울특별시 강동구 성내1동 455-12
Tel : 02)478-2066~7
Fax : 02)478-2068
H·p : 011-242-2522
E-mail : dunam1@unitel.co.kr

SAMSUNG
삼성의료원

박 영 희
영상의학과

삼성생명공익재단 삼성서울병원
서울특별시 강남구 일원동 50
135-710
TEL : (02)3410-2586
FAX : (02)3410-0065
E-mail: yungheui.park@samsung.com

HANTEC (주)한텍엔지니어링

代表理事 梁 鉉 植

www.hantec.co.kr
경기도 화성시 향남읍 구문천리 925-1(발안지방산업단지 21블럭) ㉾445-922
TEL. 031-350-8900(대) Fax. 031-350-8960
Mobile. 010-5284-6848 Mail. hsyang@hantec.co.kr

PRO EDU CONSULTING
서울시 동작구 사당동 105번지
Tel : (02) 596-2952
Mobile : 017-765-8564
E-mail : msyjkim@naver.com
mrjsyang@hanmail.net

김 연 정
대표이사

ProEDU

HANTEC (주)한텍엔지니어링

경영지원부/부장 정 진 옥

www.hantec.co.kr
경기도 화성시 향남읍 구문천리 925-1(발안지방산업단지 21블럭) ㉾445-922
TEL. 031-350-8901(직통), 031-350-8900(대) Fax. 031-350-8960
Mobile. 011-9039-9508 Mail. jojung@hantec.co.kr

行政學專政 敎授
정부혁신생산성연구소장

政治學博士 李 鍾 元

가톨릭대학교
성신 · 성심 · 성의
성심교정

- Three Distinct Campuses One Great University -

150-010 서울시 영등포구 여의도동 35-1 여의도우체국 사서함 960호
420-743 경기도 부천시 원미구 역곡2동 산 43-1
Tel : (02)2164-4454 Fax : (02)2164-4785 Mobile : 011-9980-8288
E-mail : jongwon@catholic.ac.kr

7-8 정보처리 업무

국내에서 3대 화학업종 기업 중 하나인 LG화학의 사장 비서실에 근무하는 A씨는 매년 주요 경쟁업체의 재무제표가 입수되는 대로 이들 3개 사를 비교하여 도표 및 그래프를 작성하여 사장님께 보고 드려왔다.

연구문제

1. 이러한 업무에 유용한 소프트웨어로는 어떤 것이 있는지 알아보자.

2. 아래의 자료를 근거로 실제로 그 소프트웨어를 사용하여 보고 자료를 작성해보라.

- LG화학 -

[요약대차대조표] (단위 : 억원)

	'05.12	'06.12	'07.12	'08.12
유동자산	14,363.0	19.492.2	28,618.9	33,166.5
고정자산	41,571.0	38,573.0	41,880.6	47,197.3
자산총계	55,934.0	58,065.2	70,499.5	80,363.8
유동부채	19,469.1	18,726.6	20,302.1	21,623.2
고정부채	12,079.6	13,166.2	11,415.5	9,84.6
부채총계	31,548.7	31,892.8	31,717.6	31,466.9
자본금	3,654.3	3,654.3	4,195.0	4,195.0
자본잉여금	7,396.1	7,396.1	12,993.6	13,145.5
이익잉여금	13,619.9	15,897.4	21,991.4	30,367.5
자본총계	24,385.2	26,172.4	38,782.0	48,896.9

[요약손익계산서] (단위 : 억원)

	'05.12	'06.12	'07.12	'08.12
매출액	74,251.0	93,023.4	107,953.2	126,450.0
매출원가	61,077.2	79,654.0	89,819.9	105,055.4
매출총이익	13,173.8	13,369.4	18,133.3	21,394.6
영업이익	4,217.1	3,339.4	7,636.2	13,443.5
영업외수익	3,726.1	3,214.4	3,168.1	6,612.9
영업외비용	3,266.4	2,600.9	2,579.9	7,601.8
법인세차감전 계속사업이익	4,676.8	3,953.0	8,224.5	12,454.6
당기순이익	4,022.6	3,187.8	6,862.0	10,025.8

- 한 화 -

[요약대차대조표] (단위 : 억원)

	'05.12	'06.12	'07.12	'08.12
유동자산	7,846.3	15,562.2	12,569.0	15,157.5
고정자산	26,628.7	26,496.6	29,221.6	36,916.7
자산총계	34,475.0	42,058.8	41,790.5	52,074.2
유동부채	14,797.4	19,416.8	19,238.9	24,574.8
고정부채	10,192.4	10,437.5	9,568.1	10,108.0
부채총계	24,989.8	29,854.3	28,807.1	34,682.8
자본금	3,7719	3,771.9	3,771.9	3,771.9
자본잉여금	2,455.8	2,455.0	2,582.1	3,895.1
이익잉여금	3,652.1	6,059.8	7,917.8	10,402.0
자본총계	9,485.2	12,204.5	12,983.5	17,391.4

[요약손익계산서] (단위 : 억원)

	'05.12	'06.12	'07.12	'08.12
매출액	21,056.7	22,930.8	34,669.0	49,422.9
매출원가	19,388.4	20,545.7	31,717.9	45,223.9
매출총이익	2,118.3	2,385.1	2,951.2	4,199.0
영업이익	859.7	1,013.1	1,307.8	2,294.9
영업외수익	2,959.9	4,445.9	3,335.1	7,419.8
영업외비용	2,085.0	1,984.6	1,845.5	7,092.3
법인세차감전 계속사업이익	1,734.5	3,474.4	2,797.4	2,622.4
당기순이익	1,220.1	2,728.5	2,171.2	2,934.1

- KCC -

[요약대차대조표] (단위 : 억원)

	'05.12	'06.12	'07.12	'08.12
유동자산	8,750.7	9,938.9	19,695.2	15,634.1
고정자산	25,225.5	29,469.5	52,488.1	39,840.1
자산총계	33,976.2	39,408.4	72,183.3	55,474.2
유동부채	6,242.5	7,191.6	8,517.4	7.489.5
고정부채	6,100.9	5,895.0	17,764.0	12,840.5
부채총계	12,343.5	13,086.6	26,281.4	20,330.0
자본금	562.5	562.5	562.5	562.5
자본잉여금	7,988.7	8,527.5	9,612.9	9,501.8
이익잉여금	9,641.5	11,142.4	12,591.2	13,451.4
자본총계	21,632.7	26,321.8	45,901.9	35,144.2

[요약손익계산서] (단위 : 억원)

	'05.12	'06.12	'07.12	'08.12
매출액	18,698.1	19,086.8	20,975.8	24,881.3
매출원가	14,366.5	14,511.1	16,182.8	19,717.5
매출총이익	4,331.6	4,575.7	4,793.0	5,163.8
영업이익	1,478.0	1,599.5	1,633.4	1,607.3
영업외수익	1,335.4	1,451.6	1,729.5	5,201.9
영업외비용	554.7	547.5	641.1	4,303.9
법인세차감전 계속사업이익	2,258.7	2,503.6	2,721.9	2,505.3
당기순이익	1,780.6	1,960.4	2,030.7	1,872.6

3대 화학업종사의 재무제표

2009년도	LG화학	한화	KCC
매출액 증가율			
순이익 증가율			
자기자본이익률			

분석 비교 자료의 예

3사 매출액 변화 추이 비교

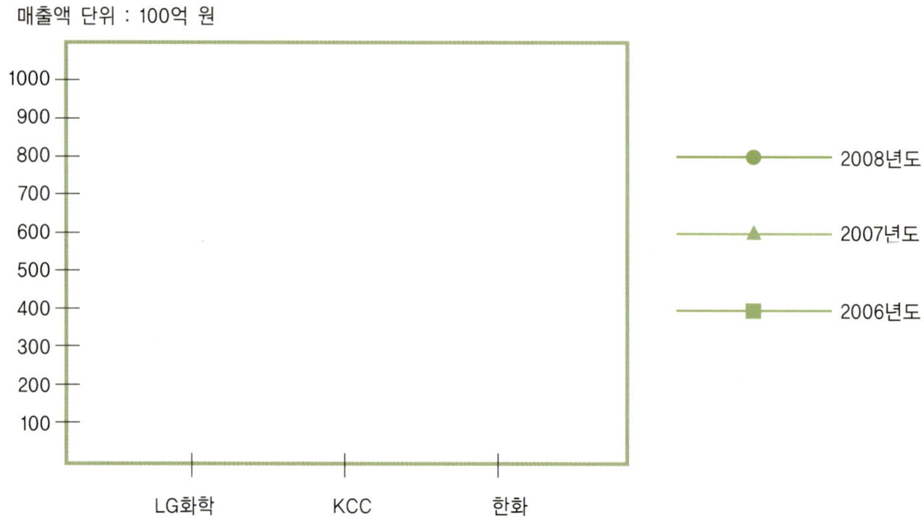

비교 도표의 예

참고

산출 공식

(1) 매출액 증가율 : $\frac{\text{금년도 매출액} - \text{전년도 매출액}}{\text{전년도 매출액}} \times 100$

(2) 순이익 증가율 : $\frac{\text{금년도 당기순이익} - \text{전년도 당기순이익}}{\text{전년도 당기순이익}} \times 100$

(3) 매출액 경상이익률 : $\frac{\text{경상이익}}{\text{매출액}} \times 100$

(4) 자기자본 이익률 : $\frac{\text{당기순이익}}{\text{자기자본}} \times 100$

7-9 자료 수집

아래의 도서 목록은 외국에서 대학 교수로 재직하고 있는 상사와 친분이 있는 분이 한국에서 구하고 싶다고 부탁한 것이다. 그분은 이 자료들을 구입하는 비용은 자신이 부담한다고 하였다.

구입하고자 하는 도서목록
1「고용과 직업연구 제 3권 제 2호」, 한국고용정보원
2「진로교육의 사회적 기업화 방안 연구」, 한국여성연구회
3「교육통계년보」, 교육부
4.「여성백서」, 한국여성개발원

연구문제

1. 우선 도서를 가장 광범위하게 취급하는 서점에 전화 걸어 위의 서적들이 있는지 알아보자.

2. 전화 걸어 문의한 결과 위의 서적들은 특정 단체에서 발간한 것들로 서점에서 판매하지 않는다고 하였다. 이런 경우 어떻게 해야 할까?

3 각 발간 단체에 각각 직접 전화걸어 본 결과 #1,2,4는 대금을 송금하면 책을 우송해 준다고 하였다. 따라서 이는 송금하면 구입할 수 있으므로 별 문제가 없었다. 이때 주의할 점은 무엇인가?

4 #3의 서적의 경우는 비매품으로서, 도서관 등에서 빌려 볼 수는 있으나 구입할 수는 없었다. 이럴 경우는 어떻게 처리하는 것이 좋을까?

① 구입할 수 없다고 통보한다.

② 구입할 수 없으나 빌려서 복사할 수는 있으니 목차가 게재된 면을 복사해 보내주고서 필요한 부분을 표시해 주면 복사해 보내주겠다고 한다.

8 사무 자동화와 사무환경 관리

SUMMARY

Summary

사무 자동화와 사무환경 관리

1 사무 환경이 왜 중요한가?

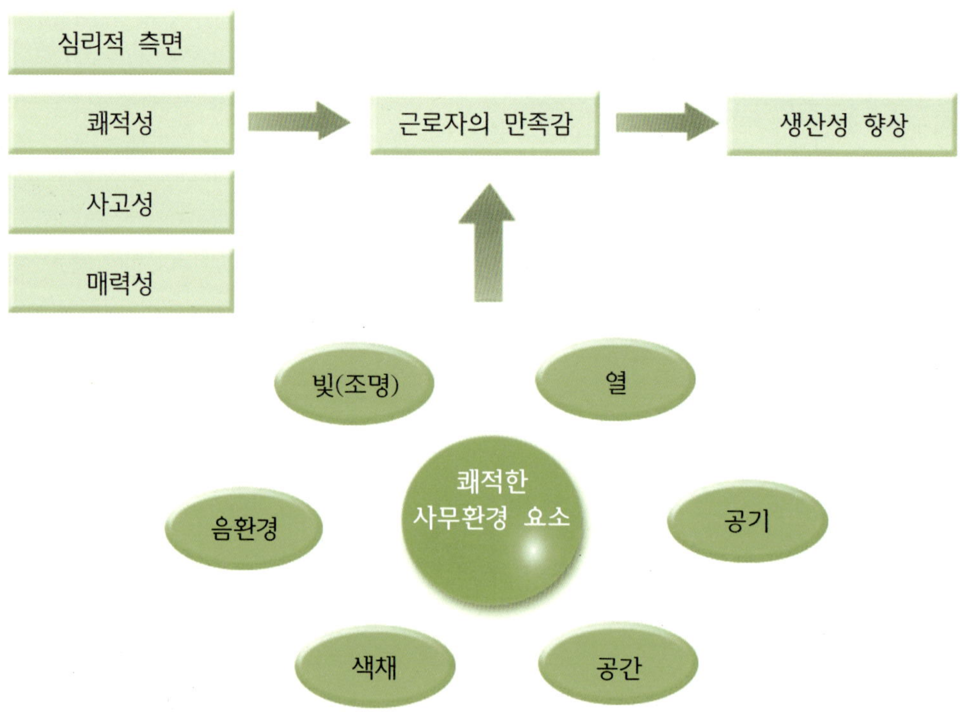

2 사무 자동화(Office Automation: OA)란?

사무 개선 활동 및 이에 수반되는 기계화 등의 방법을 통하여 사무의 기능을 확충, 강화함으로써 개인이나 조직의 사무 생산성을 향상시키고자 하는 것.

우리 주변의 사무 자동화 기기

- 문서, 도형의 작성(WP, 워크스테이션)
- 데이터 처리(사무용 컴퓨터-개인용 컴퓨터)
- 통신 전송(FAX, LAN, 원격지 회의, 전자 우편)
- 자료의 검색, 보존(마이크로필름 시스템, 광디스크 시스템)

3 전자 문서 교환(Electronic Data Interchange)이란?

전자 문서를 데이터 통신망을 통하여 컴퓨터와 컴퓨터 간에 교환하여 재입력 과정 없이 직접 업무에 활용할 수 있도록 하는 새로운 정보 전달 방식

EDI의 효과는?

- 거래 시간 단축
- 업무 처리 오류 감소와 비용 절감
- 불확실성의 감소에 따른 업무 개선
- 사회 간접 효과 제공

4 정보통신기술 활용 시스템

CALS(Commerce At Light Speed)란?

제품의 설계, 생산에서부터 폐기에 이르기까지의 모든 과정을 통하여 다양한 형태의 기술 및 거래 자료를 관련된 모든 조직이 정보통신 기반을 활용하여 교환하고 공유하여 조직 간의 업무 추진 시에 효율성을 추구하고자 하는 업무 처리 방식 및 조직간 정보 시스템

전자 상거래(Electronic Commerce: EC)란?

인터넷이 만들어 낸 가상 공간에서 물품이나 서비스를 사고 파는 것으로 컴퓨터를 통하여 전자적인 방식으로 상품, 정보 등의 구매, 조달, 지불 행위를 수행하는 것
(기업 & 기업, 기업 & 소비자, 기업 & 정부, 정부 & 개인)

8-1 상사의 업무 스타일과 사무환경

미국계 금융회사의 한국지사장인 K사장은 보통 아침 8시 정도에 누구보다 먼저 출근하여 도착한 조간신문을 읽고 있다가 비서가 출근하면 크림이나 설탕은 아무것도 넣지 않은 블랙 원두커피를 마시는 것으로 하루 일과를 시작한다. 그리고 밤새 들어온 FAX와 e-mail message를 받아 검토한다. 미국 본사와의 시차로 인해 주로 밤에 본사로부터 문서가 수신된다.

평소에 조용하고 차분한 성품으로 특별히 지시할 일이 없으면 좀처럼 비서도 부르지 않고 혼자 일하는 편이다. 흡연도 하지 않으며 평소에 문서를 기안할 때에는 lined pad (가로줄 쳐진 용지)에 연필로 쓰고 볼펜이나 샤프펜슬은 절대로 사용하지 않는다. 기안해 준 문서를 비서가 워드프로세싱하여 완성해 간 문서가 최종적으로 마무리되면 즐겨 사용하는 굵은 촉의 만년필로 사인을 한다. 서류에는 절대로 스티플러를 사용하지 않고 클립으로 묶으며 post-it을 즐겨 사용하는 편이다.

책상위도 스스로 정리정돈하는 타입이며 책상 위에는 탁상시계와 만년필 꽂이가 있다. 업무를 보던 중 갈증이 날 때면 직접 주방에 나와서 음료수나 생수를 마시곤 할 정도로 소탈한 면도 지니고 있다. 사무실 바닥엔 푸른 물색의 카펫이 깔려 있고 책상 등 집기 비품이나 소파, 테이블 등도 모두 조화를 이루는 것들로 주문한 고급품을 사용하고 있다.

사무실 구조를 살펴보면 사장의 뒷 편에 위치한 side table에는 전용 복합기와 정보검색을 위한 기기가 설치되어 있다.

5인용 응접소파와 테이블에는 손님용 흡연기구 세트와 최근 시사잡지가 2~3권정도 놓여 있다.

그 외에 보조의자가 2개 비치되어 있어 방문객이 5인 이상일 때를 대비하곤 한다.

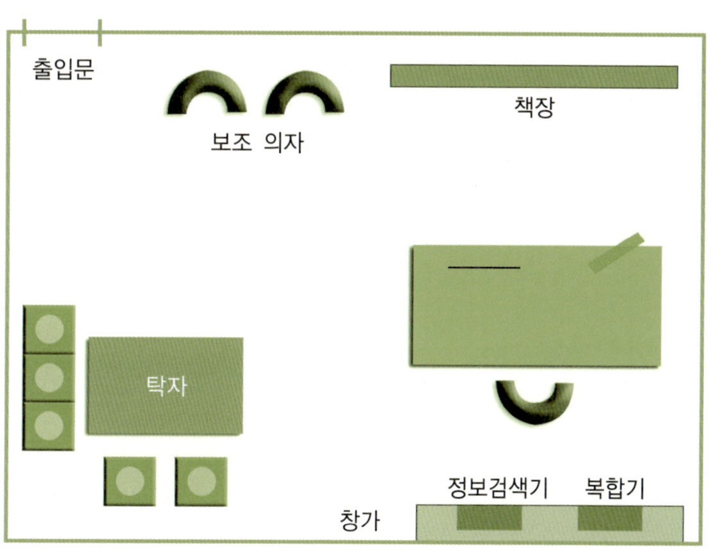

사무실 구조

연구문제

1. 이 상사를 보좌하는 비서가 항상 갖추어 놓고 있어야 하는 사무용품이나 주변기기 등에는 어떤 것이 있는가?

2. 비서가 매일 아침에 출근하여 준비해야 할 사항들을 우선순위에 따라 열거해 보자.

3. 이 비서가 평소 상사의 방을 드나들 때마다 점검해야 할 사항에는 어떠한 것들이 있을까?

8-2 다수의 사무실 관리

상사는 HK전자의 사장이면서 HK그룹 전체의 부회장이시다. 따라서 사무실도 HK전자 사장실(①사무실)과 HK그룹 부회장실(②사무실)의 두 곳에 있다. 상사는 이 두 군데 사무실을 오가면서 업무를 수행한다. 2군데 이상 사무실을 소지하고 있는 상사를 보좌하는 K씨는 ①사무실에서 회의에 필요한 서류를 찾으면 다른 사무실(②사무실)에 있고, 서류가 많아 쉽게 빨리 찾을 수가 없는 경우가 다소 있어 사무실을 오고가는데 시간을 많이 할애해야하고 번거로움이 많았다. 그래서 상사는 K씨에게 좋은 방법을 모색해보라고 지시를 내렸다.

연구 문제

1. K씨는 상사가 서류를 빨리 찾을 수 있게 하기 위해서 어떻게 해야 할까?

8-3 업무처리의 우선순위

다음은 4월 12일 아침 9시경. 비서가 출근 했을 때 처리해야 할 일들로 남아 있는 것들이다.

각 업무들의 중요도와 긴급도에 따라 우선순위를 매기고 각 업무를 처리하는데 고려되어야 할 점들은 무엇인지 생각해 보자.

( ) - 미국에 FAX로 보낼 Letter 워드프로세싱 업무(1 page)

( ) - 상사가 관할하는 바로 밑의 부서장의 통화 요청 건.

( ) - 당일 저녁 식사 장소 예약 요청.

( ) - 4월 29일 수요일에 있을 주간 업무회의에 제출할 주간업무 보고서 워드프로세싱(5 page)

( ) - 매달 작성하는 Expense report 준비(제출마감일이 매달 30일)

( ) - 관할 감독 관청에서 당사에 관한 자료 요청에 대한 준비(30일 까지 제출)

( ) - 손님이 방문하셔서 응대 및 접대.

( ) - 은행에 가서 상사 개인 구좌로부터 출금해 달라는 부탁.

( ) - 상사가 복사해 달라고 지시한 것(오후에 쓸 것)

( ) - 명함정리

( ) - 거래 회사의 임원 인사 이동사항을 거래처 목록(Contact list)에 기재(update) 하기.

( ) - 3:00 P.M.에 시작하기로 되어 있는 회의 준비하기.

8-4 사무기기의 사용법

상사가 비서에게 세금과 관련 된 문서를 주며 은행에 FAX를 보내라고 하였다.

비서는 전에 있던 회사와 다른 FAX 기기였지만 기능은 같을 거라고 판단하여 문서 원본의 흰 면이 위로 향하도록 보이게 넣어서 FAX를 은행에 보냈다. FAX가 보내졌다고 메시지가 화면에 나타났다. 그래서 당연히 받았겠지 생각하고 은행에 FAX가 도착했는지에 대하여 확인은 하지 않았다.

몇 분 후 상사께서 은행에서 아직 FAX를 받지 못했다고 연락이 왔는데 어떻게 된 일이냐고 물었다.

연구문제

1. 비서가 잘못한 사항은 무엇인가? 바람직한 처리방법을 제시하시오.

8-5 사무자동화

세계 각지에 지점을 가지고 있는 World Bank의 서울지점에서는 설날 연휴를 (2월 13, 14, 15일) 앞두고 이날 휴무라는 점을 세계 각 지점의 수백 명의 직원들에게 알리기 위한 메모를 작성하였다.

To : All Staffs
From : J. R. Kim
General Manager, Seoul Branch
Date : Jan. 23, 2010
Re : Holiday

Seoul Branch office will be closed on Feb. 13~15. It is the New Year Holiday in Korea.

If you would like to contact us urgently, please leave a message to the answering machine or call to my residence 82.2)456-1367.

Best regards,

공휴일 휴무 안내문

연구문제

1. 이 회사에는 팩시밀리, e-mail이 모두 설치되어 있다고 한다.
이 메모를 보내기에 가장 적합한 방법은 무엇일까?

8-6 전화 관련 업무

비즈니스 건으로 외부 주요 거래처에서 상사를 찾는 전화가 왔다. 상사는 사무실에 계셔 통화가 가능한 상황인데 공교롭게도 방금 상사와 면담차 찾아오신 손님이 비서 앞에 와있었다. 그 손님도 이 비즈니스와 관련이 있는 거래처에서 오신 분이었다. 이럴 때 비서는 전화연결 문제를 어떻게 하는 것이 바람직할까.

연구문제

1. 비서가 외부 전화 연결 시 주의 사항을 열거해보자.

8-7 기자재 교체 시 유의할 점

상사가 오랫동안 사용해오던 키폰이 고장이 났다. 그래서 총무과에 의뢰하여 키폰을 새로 구입하였다.

평소 상사는 비서에게 전화로 업무 지시를 내린다. 그런데 키폰을 새 것으로 교체하고 나서 직후에 상사가 비서에게 매번 직접 찾아와 서류를 주면서 업무 지시를 내렸다. 알고 보니 새로 구입한 키폰이 이전에 상사가 쓰던 키폰 제품과 다른 것이었다. 상사는 연세가 많으셔서 기계 다루는 것이 다소 서투르기 때문에 누군가 옆에서 알려줘야 했다.

연구문제

1. 비서는 물품을 새로 구입했을 때 어떠한 자세를 취했어야 할까?

8-8 팩스 기기의 정확한 사용

처음 인수인계를 받을 때 팩스에 관한 부분은 이미 학교에서도 배웠고 방학때 아르바이트 할 때 수 십 차례 보내봤기 때문에 간과하고 안배웠었다. 그런데 이게 왠 일! 국장님께서 개인적으로 팩스를 보내달라고 하셨는데 팩스가 조금 오래된 기종이라 사용법이 달랐던 것이다. 그래서 일단 보내기는 했는데 불안해서 전화해서 확인하겠다고 국장님께 말씀드렸더니 국장님께서는 굳이 확인 안해도 된다고 하시며 '잘 갔겠지 뭐…'라고 하셨다.

연구문제

1. 이러한 경우 비서의 업무 처리 방법에 대하여 점검해 보고 개선점을 찾아보자.

8-9 조직적 업무처리

K사 비서실에서는 내일 오전 10시부터 시작되는 세미나에서 사장이 발표하기로 되어있어 자료를 만들고 있다. 그 자료는 A4 사이즈의 용지에 큰 글자 가로쓰기로 된 요점 정리된 문안과 이를 설명하는 수십 장의 컬러로 된 차트 및 그래프로 40 페이지에 이르는 분량이다. 또한 이를 모든 참석자들에게 배포하여야 하므로 사본 50부를 만들어야 하였다. 이때 컬러차트 및 그래프는 복사도 컬러로 하여야 한다. 이 회사에는 레이저 프린터와 컬러 프린터가 설치되어 있으나 컬리 복사기는 소유하고 있지 않아 외부에 의뢰해야 한다.

연구문제

1. 이 업무를 차질없이 수행하기 위해서 어떻게 하여야 할까? 우선순위에 따라 업무진행 순서를 열거하고 구체적이고 세부적인 진행방법을 연구해 보자.

1) 컬러복사문제

2) 순서대로 배열, 확인 후 바인딩 문제

3) 세미나 장까지 운반문제

8-10 상사의 보직이 변경되었을 경우

A씨가 보좌하는 상사인 교수님은 학과장을 맡고 계시던 중 신문방송국 주간에 임명되었다. 따라서 학과장은 다른 교수님이 맡게 되었다. 더욱이 이번에 학과의 명칭이 바뀌어 신경을 써야 할 일들이 매우 많은 실정이다.

- 학과장 업무 인계
- 신문방송국 주간으로서의 업무 인수
- 기타

연구문제

1. A씨는 상사가 일을 효율적으로 처리하기 위해서 어떠한 일을 해야 할까? 필요한 일들을 생각해 보고 이들을 효율적으로 처리하는 방안을 제시해보자.

9 네트워크 관리 및 총무 업무

SUMMARY

Summary

네트워크 관리 및 총무 업무

1 평소 비서가 파악하고 있어야 하는 사항들

- 사내, 사외 행사 관련 업무
- 상사의 인적 사항 관리
- 경조사 관리
- 상사의 근황 파악 및 기타 사항들 관리
- 상사의 회계 관련 업무
- 연하장 및 선물발송

☞ 상사에 대해 이것만은 알아두자

- 상사의 이력, 주민등록번호, 자동차 면허증, 신용카드번호와 만기일, 병원진료카드 번호 및 기타 신용 관련 만기일 등
- 여권번호 및 유효기간, 비자 만기일, 마일리지 적립상황, 사내보증보험 가입상황
- 가족의 주민등록번호, 생년월일, 여권번호와 만기일, 차종 및 차번호
- 상사의 인터넷 사이트ID, 암호 관리체계-주기적으로 변경해 드림
- 개인 혹은 업무용 통장번호 및 비밀번호
- 긴급연락용 전화번호(가족, 기사, 임원진 등의 자택, 휴대전화번호), 주소
- 동창회, 각종 단체 등의 회원가입 여부 및 회비 납부 현황 등등

2 경조사 관련 업무는 생각보다 훨씬 중요!

① 경조사 업무 시 주의점

- 정확한 정보인지 확인
- 시기를 놓치지 말 것
- 격식을 갖출 것

② 경사: 결혼, 승진, 기타 축하 행사 등등

- 축의금은 깨끗한 돈을 준비
- 흰 종이에 싸서 단자를 써서 봉투에 넣음
- 종이를 접을 때는 축하 문구와 상대편 성명이 쓰여진 곳에 줄이 생기지 않도록 접음
- 축의금 단자 작성 시 일반적으로 한자 기입 (일-壹, 이-貳, 삼-參, 십-拾)
- 봉투는 봉하지 않음

③ 조사: 부의등

- 부의금은 흰 봉투를 사용
- 조위금 겉봉에는 일반적으로 부의(賻儀)로 쓰며, 근조(謹弔) 또는 전의(奠儀)라 쓰기도 함
- 생화나 조화로 헌화하며 조문은 흰색과 노란색의 화환이나 꽃바구니로 주로 국화가 사용됨
- 부조하는 사람의 이름 뒤에는 아무 것도 쓰지 않아도 되지만 '근정(謹呈)'이라 씀

☞ 조사 업무에서 상사에게 보고하기 전에 알아야 할 사항

- 사망 또는 사고일시, 사인
- 조문장소
- 장례형식
- 발인시각, 장지
- 상주 성명, 주소, 전화번호
- 헌화를 보낼 때 상사명인지 회사명인지 결정

3 외국인에게 선물할 때

- 타문화에 대한 기본 지식을 습득하여 문화적 정서에 맞는 선물을 선택
- 한국을 방문한 외국인인 경우 귀국할 시 무게와 부피를 고려하여 부담이 가지 않으면서 한국적인 정서를 보여주는 전통적인 선물을 선택
- 외국을 방문할 때나 국내에 온 외국인에게 선물을 주고자 하는 경우 방문 마지막 날에 주는 편이 좋음
- 전통적인 선물의 경우 간단한 부연설명을 해주어 우리 문화를 전달해 주는 것도 좋음

4 보다 깊은 인간관계를 위한 다양한 파티들

- 리셉션(reception)
- 디너 파티(dinner party)
- 칵테일 파티(cocktail party)
- 뷔페 파티(buffet party)
- 가든 파티(garden party)
- 포트럭 디너(pot luck dinner)
- 티 파티(tea party)
- 샤워 파티(shower party)

5 참석에서 마무리까지 매너 있는 행동으로 멋진 파티를!

- 적어도 약속된 시간 5분전에 도착하도록 하며 늦으면 반드시 연락
- 소개할 때 순서를 잘 파악하여 결례되지 않도록
- 처음 보는 사람이라도 간단한 눈웃음 정도는 건네도록
- 대화는 공통된 화제로 자기 위주의 대화는 금물
- 파티의 목적이 먹는 것이 되지 않도록 적당히 음식을 취하고 입안에 음식을 가득 넣고 대화하지 않도록 주의
- 파티에 있어 옷차림은 중요. 드레스 코드가 우선이며 너무 튀지도 지나치게 평범하지도 않은 적절한 선택이 중요.
- 주최측에게 고마움을 표하고 상황에 맞게 적절한 칭찬을 해주는 것으로 마무리
- 다시는 초대하고 싶지 않은 손님으로 기억되지 않도록 평소에 파티매너를 익힐 것

9-1 문제 상황의 해결방법

교수님의 연구실 문은 두 가지 잠금장치로 되어있는데 하나는 교수만 사용 가능한 손잡이 잠금장치, 다른 하나는 손잡이 위에 있는 보조 잠금장치이다. 실습생들은 손잡이 위에 있는 잠금장치만을 사용해야 하는데 너무 급한 나머지 무의식적으로 교수만 사용 가능한 손잡이 잠금장치를 사용하여 문을 잠갔다.

실습생은 놀라 문을 돌려 보았지만 아무런 소용이 없어서 당황하였다. CAPS가 달려있어 함부로 열면 비상벨이 울려 시끄러워 다른 교수님들께 폐를 끼치게 될 것이므로 함부로 만질 수가 없었다.

연구문제

1. 이러한 일이 벌어졌을 경우 바람직한 해결방안을 제시하시오.

9-2 확실한 인수인계

신입비서 김씨의 첫 출근이었다. 그 전날 김씨는 전임자에게서 인수인계를 받았다. 인수인계를 받으면서 상사는 원두로 커피를 내려마신다는 점을 주의해서 들었다.

첫 출근날 아침에 김씨의 상사는 커피를 달라고 하셨다. 김씨의 상사는 항상 커피를 원두로 마신다는 점을 알고, 원두로 커피를 내리고 상사께 가져다 드렸다. 상사는 커피를 보자마자 원두로 제대로 내린 것인지, 전임자에게 인수인계를 확실히 잘 받았냐고 하면서 상사의 표정이 좋지 않았다. 그제서야 잔에 있는 커피를 보니 커피색이 보리차색에 가까웠다.

연구문제

1. 무엇이 잘못된 것일까? 커피와 차 등을 준비할 때 유의할 점들을 정리해 보자.

9-3 총무업무(전화 부가 서비스·제3자 요금부담 서비스)

M사는 미국 뉴욕에 본사를 두고 있고 전 세계 각지에 지점망을 두고 있는 증권회사의 서울지점이다. 이 회사는 경쟁이 심한 업종이므로 업무의 진전이 매우 빠른 편이다. 예를 들면 서울 지점에서 직원들이 근무 시간동안 FAX로 보낸 내용에 관하여 중요한 것은 다음날까지 그 회답을 기다리지 못하고 퇴근하여 귀가한 후 밤 11시 이후 즉, 우리나라 시간으로 한밤중에 상대방에 국제전화하여 그에 대한 회신(feedback)을 받곤 한다.(시차로 인하여)

따라서 많은 직원들이 집에서도 회사 업무를 처리하기 위한 국제전화를 사용하는 경우가 많다. 이 국제전화 요금은 당연히 회사가 부담해야하는 부분이므로 전화요금 청구서를 받으면 업무적인 국제전화 요금에 대하여는 해당 증빙 서류를 첨부하여 회사에 청구하여 지급 받곤(reimburse)하였다. 그런데 점차 업무량이 많아져 이러한 경우의 빈도수가 많아지자 매달 집에서 사용한 업무용 국제전화 요금을 정리하여 청구하는 것도 성가신 일이 되고 말았다. 따라서 이를 보다 합리적이고 편리하게 처리하는 방법이 없는지 모색할 필요성을 느끼게 되었다.

연구문제

1. 이러한 경우 어디에 알아보면 되며, 어떠한 방법이 있는지 조사해 보자.

2. 아래의 전화요금 영수증에 근거하여 전화요금을 청구하는 서류를 작해보라.

업무용 비용청구서 - 전화요금

사 용 자 :　　　　　　　　　　　　　　소속부서 :

사용기간 :　　　　　-

통화날짜	통화시각	사용시간	요금	통화상대자	목적
계					

(전화 요금 영수증)

9-4 총무업무 – 은행관련 업무

오늘은 7월 24일이다. 상사는 예금청구서를 기재하여 주고서 아래와 같이 첨부되어 있는 지로용지의 공과금을 납부하고 삼백만원을 찾아다 달라고 하였다.

전화요금	134,000	(23일내 납부)
자동차세	223,000	(31일내 납부)
신문대금	15,000	(31일내 납부)

연구문제

1. 이러한 경우 비서가 은행으로 출발하기 전에 공과금 납부와 관련하여 확인해야 할 사항은 무엇인가?

2. 상사에게 가져다 드릴 삼백만원에 대해서 확인해야 할 사항은?

3. 은행에 다녀온 후에 마무리 할 사항은 어떠한 것인가?

9-5 받은 선물의 관리

2009년 ○월 ○일 목요일 C비서는 회장님으로부터 먼저 퇴근을 해도 된다는 말을 듣고 퇴근을 하려고 준비중이였다. 그때 경비실을 통해 회장님 앞으로 선물이 왔다는 인터폰을 받았다. 회장님은 공장장님을 만나고 계셨고, C비서는 이미 퇴근 인사까지 한 상태였다. 그래서 C비서는 그냥 1층 경비실로 내려갔다. 경비아저씨로부터 택배를 받은 C비서는 회장님의 승용차 트렁크에 선물을 실어 놓았다.

회장님은 다음날 개인일정으로 인해 출근을 하지 않았다. C비서도 회장님께서 출근하시지 않은 일에 대해 크게 신경 쓰지 않고 저녁까지 열심히 일을 한 후 퇴근을 했다.

그렇게 주말을 보내고 월요일이 되어 출근을 하였다. 명절 시즌이라 월요일에도 선물이 많이 들어와서 회장님의 승용차 트렁크에 선물을 실어 드리러 내려갔다. 트렁크의 문을 여는 순간 비릿하고 역한 냄새가 코끝을 찔렀다. 상자를 열어보니 목요일에 들어온 선물이 수산물이었는데 말씀을 드리지 않아 그대로 있었던 것이다.

연구문제

1 비서의 문제점과 선물을 받았을 때의 바람직한 처리방법을 제시해보자.

9-6 오류 정정

이수 산업에 근무하고 있는 안영희씨의 상사인 김재석 사장은 제일경영자협회 회원이다.

지난 2월 24일 제일경영자협회의 정기 총회가 중앙회관에서 개최되었고, 상사인 김사장은 총회에 참석하였고, 그 때 년회비를 납부한 것으로 알고 있다. 그런데 오늘 협회로부터 아래와 같은 공문을 받았다.

이런 경우 어떻게 해야 할까?

第 一 經 營 者 協 會

인천광역시 북구 복수동 산 17-6
Tel (032) 580-6196
Fax (032) 580-6147, 6119

제경 96-7 2010년 4월 29일

회원님께 :

안녕하십니까?

항상 제일경영자협회에 관심을 가져 주시고 협조해 주신데 감사드립니다.

다름이 아니오라 이번에 제일 경영자 협회에서는 회원님들의 회비납부에 대한 것을 정리하고 있는 중입니다.

회원님께서는 현재 2009년 회비를 미납하신 것으로 기록되어있기 때문에 제일 경영자 협회 회원자격을 계속 유지하실 것인지를 확인하고자 합니다. 만약 계속 제일 경영자 협회 회원으로 유지하고 싶으시면 미납 회비를 아래의 은행으로 5월 15일 까지 납입해 주시기를 부탁드립니다.

혹시 문의 사항이 있으면 아래의 주소로 연락을 주실 것을 부탁드리면서, 올해도 하시는 일 모두 잘 되시기를 기원합니다. 감사합니다.

- 아 래 -

은 행 : 농업협동조합 (인천복수동지점)
계좌번호 : 453020-51-000534
성 명 : 박인수 경영학회
미납금액 : 50,000원
(2009년도분)납입기한 : 2010년 5월 15일

제일경영자협회 총무앞
인천광역시 북구 복수동 산 17-6
(우) 302-210
Tel (032) 580-6196
Fax (032) 580-6147, 6119

제 일 경 영 자 협 회 장 박 인 수

연구 문제

1 이 문제를 해결하기 위해 취해야 할 조치를 순서에 따라 단계별로 열거해 보자.

1)

2)

3)

2 회비를 납부한 것이 확인되었을 경우 이를 시정 통보하기 위한 문서를 기안하시오.

수 신 : 제일경영자협회 총무
발 신 : 이수산업 (주) 사장
날 짜 :
제 목 :

이수산업 주식회사 사장 김 재 석

3 2번의 문서를 발송할 때 첨부해야 할 것은 무엇일까?

4 이 문서의 배부 및 화일은 어떻게 해야 할까?

5 2번의 문서 대신 비서의 이름으로 보내는 문서를 기안하시오.

수 신 : 제일경영자협회 총무
발 신 :
날 짜 :
제 목 :

9-7 상사 출장 중의 경조사 업무(1)

상사는 해외출장 중인데, 과거에 상사의 상사이셨던 분에 관한 아래와 같은 안내장을 받았다. 이럴 경우 어떻게 처리해야 할까?

건설대학교 김진 총장의 고희를 기념하여
자서전 '30년 후의 코리아를 꿈꿔라'가 출간 되었습니다.
일평생을 과학기술인, 행정가, 언론인으로서
그리고 교육자로서 대한민국의 발전을 위해 헌신해 온
김진 총장의 삶이 진솔하게 담겨 있습니다.
부디 바쁘시더라도 참석하셔서
자리를 빛내 주시기 바랍니다.

일　시 : 2010년 3월 20일(금) 17:30~18:30
장　소 : 코엑스 컨벤션센터 그랜드볼룸
연락처 : 02) 450-0001

* 화환은 정중하게 사양 하겠습니다.

9-7 경조사 업무(2)

상사는 아래와 같은 결혼 청첩장을 받고 비서에게 축의금 보낼 준비를 하라고 지시했다.

연구문제

1. 축의금 액수는 어떻게 결정하는 것이 좋을까?

2. 축의금을 전달하는 방법은 어떻게 하는 것이 좋을까? 이 때 고려해야 할 사항은 무엇인가 생각해보자.

Sang Jun & Hyojeong

평생을 같이하고 싶은 사람을 만났습니다.
서로 아껴주고 이해하며 사랑 베풀며 살고 싶습니다.

사랑이 가득한 성탄절
오셔서 지켜봐 주시고 축하해 주십시오.
늘 그 인연을 생각하며 살겠습니다.

김진규 · 최은욱 의 장남 **상준**
윤영규 · 박혜영 의 장녀 **효정**

2009년 12월 25일 금요일 오후6시
호텔 리츠칼튼 서울 그랜드볼룸 A3

청첩장 Sample

〈단　자〉

〈봉　투〉

9-7 경조사 업무(3)

진영 기공의 최문기 사장의 비서는 상사가 해외 출장 중에 평소 상사와 가깝게 지내는 친구분(장 연수 사장)이 부친상을 당했다는 연락을 받았다.

이 때 비서가 업무처리를 어떻게 해야 하는가 연구해 보자.

연구문제

1. 비서가 가장 먼저 해야 할 일은 무엇인가?

2. 조의금 단자를 작성해 보자.

〈단 자〉

3. 상사께 상의 드렸더니 직접 조문가는 것보다 우편환으로 조의금을 100,000원 보내라고 지시하셨다. 우편환으로 보내는 방법을 알아보고 유의할 점을 생각해 보자.

9-8 예약업무

이틀 전에 회장님으로부터 일식 레스토랑에 예약을 하라는 지시를 받았다. 회장님께서 외부 인사들을 모시고 접대하는 자리였다. 회장님께서는 오전에 외부 인사들과 공장견학을 하시고 예약해 놓은 레스토랑에서 오찬 후 본사 방문 예정이 일정이었다. 그래서 공장에서 본사로 오는 길에 유명한 일식 레스토랑이 있다는 것을 알게 되었고 C비서는 예약을 했다.

당일 회장님께서는 바로 공장으로 출근을 하셨다는 연락을 받았다. C비서는 오후에 있을 본사방문을 위해 세팅을 하고 필요한 자료를 준비하였다. C비서는 분주하게 움직이기 시작했다. 회장님께서 신경 쓰시는 분들인 만큼 최선을 다해 모셔야겠다는 생각을 하며 열심히 준비하였다. 점심시간 때 쯤 회장님께서 화가 난 목소리로 전화하셨다. "식당 예약이 안 되어 있는데 어떻게 된 건가?"라는 전화였다. 얼른 식당에 다시 전화해서 알아보니 식당 직원의 실수로 예약이 누락이 되어 있었던 것이다. 바로 회장님이 자주 가시는 본사 옆 일식집으로 다시 예약을 잡고, 회장님께 다시 전화를 드렸다.

연구 문제

1. 비서의 문제점과 바람직한 업무 처리 방법을 제시해보자.

9-9 외국도서 구입

상사는 아래의 외국 도서를 구입해 달라고 지시하였다. 구입하기 위해 아래의 Form 을 작성하시오. 상사의 인적사항은 아래의 명함을 활용하고 상사는 현재 회사에서 발급해 준 VISA Corp. Credit Card를 사용하고 있고 카드번호는 4599.6667.5378 이고 유효기간은 08/2012 이다.

Effective Strategies & Tools for Marketing Business Education

Business educators must effectively develop, deliver, and promote exciting, relevant, and quality programs that meet the needs of students and satisfy the desires of the other stakeholders in business education. This booklet serves as an effective reference for business educators who are searching for strategies and tools to promote their courses and programs. Promotional strategies and new tools that business educators can quickly and easily put into use, as well as marketing strategies that can be used to improve long-term program development and promotional effectiveness are provided. The publication comes packaged with a CD-ROM that contains promotional tools, including brochures, flyers, Web page designs, multimedia slideshow presentations, and videos. This publication was developed by the Foundation for the Future of Business Education. NBEA members from throughout the United States contributed the promotional tools that appear on the CD. (40 pages)

NBEA Member: $12.00 / Nonmember: $20.00 / Catalog #127.60

Four EASY Ways to Order!

- Buy online at www.nbea.org
- Fax this form to (703) 620-4483
- Charge by phone by calling (703) 860-8300
- Mail check or credit card payment to NBEA Headquarters

Shipping
- $7.01 to $70.00—add $7.00
- Over $70.00—add 10%
- For orders shipped to foreign addresses (including Canada)—add $15.00 to order total

Rush Orders
- Ship in 48 hours
- Add $10.00 to order total

Prices subject to change without notice

Publication Title	Catalog #	Quantity	Price

Form of Payment
- ☐ Check Enclosed
- ☐ VISA
- ☐ MasterCard

Subtotal ______
Virginia residents must include 5% tax ______
Shipping ______
For RUSH shipment, add $10.00 ______
For FOREIGN shipment, add $15.00 ______
TOTAL ______

______ Card Number ______ Expiration Date

______ 3-Digit Card Code ______ Signature

Name ______

Address ______

City, State, Zip ______

Phone Number ______

Member # (must be included to receive member price) ______

Educating for Success in Business and Life!

1914 Association Drive, Reston, VA 20191-1596 • (703) 860-8300 • Fax (703) 620-4483
www.nbea.org • E-mail: nbea@nbea.org

NBEA National Business Education Association

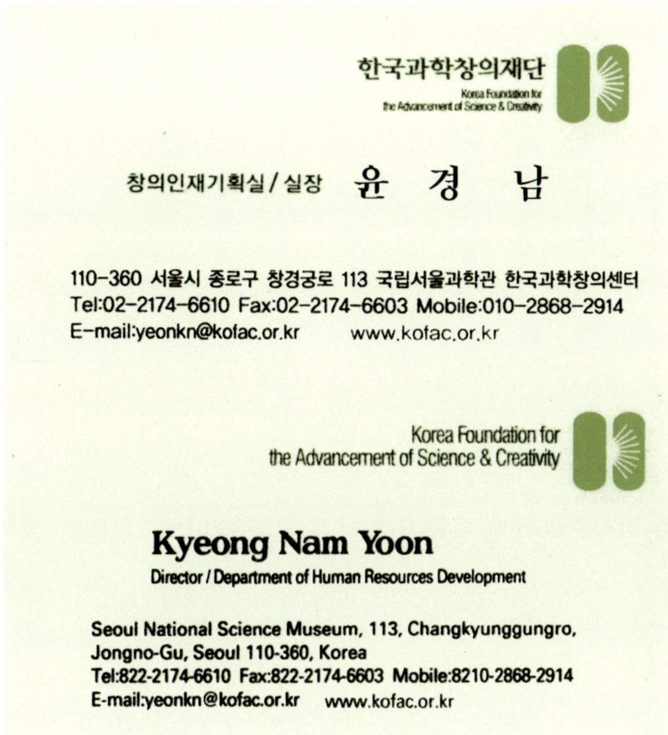
한국과학창의재단
Korea Foundation for
the Advancement of Science & Creativity

창의인재기획실 / 실장 윤 경 남

110-360 서울시 종로구 창경궁로 113 국립서울과학관 한국과학창의센터
Tel:02-2174-6610 Fax:02-2174-6603 Mobile:010-2868-2914
E-mail:yeonkn@kofac.or.kr www.kofac.or.kr

Korea Foundation for
the Advancement of Science & Creativity

Kyeong Nam Yoon
Director / Department of Human Resources Development

Seoul National Science Museum, 113, Changkyunggungro,
Jongno-Gu, Seoul 110-360, Korea
Tel:822-2174-6610 Fax:822-2174-6603 Mobile:8210-2868-2914
E-mail:yeonkn@kofac.or.kr www.kofac.or.kr

연구문제

1. 이 때 가장 효율적인 방법으로 구독 신청하시오.

2. 이와 같이 회사발급 신용카드를 사용하여 해외에의 대금결재를 할 경우 편리한 점과 유의해야 할 점은 어떠한 것인가?

9-10 외부 조직 활동 업무

상사는 비서학과 교수인데 그동안 한국비서학회의 회장으로서 활동하시다 2년 임기의 학회회장을 마치게 되었다. 따라서 회장직을 마무리 하고 차기 회장단에 업무를 인계해 주어야 한다.

연구문제

1. 학회 회장으로서 업무를 인계하기 위해 해야 할 일들을 생각해 보자.

2. 차기 회장단으로부터 다음에 개최되는 「학술발표회 및 정기총회」(프로그램 별첨 참조)에 개회사를 맡아 달라는 부탁을 받았다. 이러한 경우 비서가 준비해야 할 일을 생각해 보자.

Program ...

The Korean Association of Secretarial Studies
제 28회 학술발표회 및 정기총회

Session 1 — 사 회 | 김영실(안산1대학 교수)

13:00 ~ 13:30	등 록
13:30 ~ 13:45	개회사 : 홍순이(대림대학 교수) 환영사 : 김두현(한국체육대학교 교수 / 한국비서학회 회장)

Session 2 — 사 회 | 심재권(나사렛대학교 교수)

학술주제	**전문비서의 질적 향상을 위한 평가동향과 과제**
14:00 ~ 15:00	특 강 : **비서자격시험 체제개편방안 연구발표 및 토론(가제)** 최애경(이화여자대학교 교수)
15:00 ~ 15:15	휴식시간
15:15 ~ 15:40	제 1주제 : **비서직의 성과평가제도 개선을 위한 기초연구** 발표자: 안지영(대웅제약 비서실) 토론자: 유승혜(안산1대학 교수)
15:45 ~ 16:10	제 2주제 : **평가센터(Assessment Center)를 활용한 우수비서 선발방식 - E사 사례를 중심으로 -** 발표자: 박성민(배화여자대학 산학협력단 교수) 토론자: 윤미숙(대림대학 교수)
16:15 ~ 16:40	제 3주제 : **미국 비서교육의 동향** 발표자: 박광철(나사렛대학교 교수) 토론자: 황정희(백석예술대학 교수)
16:40 ~ 17:00	**종합토론**

Session 3 — 사 회 | 박영만(여주대학 교수)

17:00 ~ 18:00	정기총회
18:00 ~ 19:00	폐회 및 만찬

Memo

저자약력

홍순이
(洪淳伊)

- 이화여자대학교 법정대학 비서학과 졸업
- 경영학 석사(재무관리전공) - 한양대학교
- 경영학 박사(인사.조직전공) - 이화여자대학교
- (주) 유공 근무
- Credit Agricole Indosuez 근무
- Lehman Brothers Inc. 근무
- 한양여자대학 영어과 강사
- 한국비서학회 회장 역임
- 현재) 대림대학 비서행정과 교수
  대림대학 신문방송국 주간

◆ 주요연구
- "비서의 재교육에 관한 연구"(1995)
- "전문분야별 비서의 역할 및 업무에 관한 연구"(1996)
- "한.일 비서교육 수료자의 비교연구"(한일 국제공동연구)(1997)
- "21세기 대림대학의 비젼실현을 위한 비서행정과 기여도 제고방안"(1999)
- 원격근무와 조직효과성 관계에 있어서 상사신뢰와 공정성 지각의 조절효과에 관한 연구(2003)
- The Effect of Teleworking and Its Moderators in Korea(2004)
- 비정규직 고용확산에 따른 비서관련학과의 대응전략모색-졸업생들의 고용방식에 대한 인식조사를 중심으로-(2005)

◆ 저서
- 비서학개론, 한올출판사, 1996.
- 커뮤니케이션론-Business Communication-, 한올출판사, 1996.
- 비서실무실습, 학문사, 1996.
- Practical Business Writing, Donghyun Publishing Co., 1999.
- 비지니스커뮤니케이션 실무론, 대영문화사, 2001.
- 비서학 개론(개정판), 한올출판사, 2001.
- Business English Conversation, OK Press, 2002.
- 현장중심의 비서실무사례연구, 한올출판사, 2004.
- 비서학 개론(개정2판), 한올출판사, 2007.
- 비즈니스커뮤니케이션 실무론(개정판), 대영문화사, 2007.

조영아
(曺英娥)

- 이화여자대학교 법정대학 비서학과 졸업
- 교육학 석사(비서교육전공) - 이화여자대학교
- 관광학 박사(이벤트·국제회의학과전공) - 경기대학교
- 광주은행 임원부속실 근무
- 사단법인 한국비서협회 사무국장 및 총무이사 역임
- 나사렛대학교 비서행정학과 전임강사 역임
- 현재) 한양여자대학 비서인재과 교수
  한국비서학회 상임이사
  사단법인 한국비서협회 교육이사

유미정

- 이화여자대학교 법정대학 정치외교학과 졸업
- 이화여자대학교 대학원 경영대학 국제사무학과 졸업
- 한국장기신용은행 임원부속실(비서실) 근무
- English Tree 어학원 근무
- 아이엘 유학원 근무
- 한국관광대학 항공서비스과 강사
- 대림대학 비서행정과 강사
- 현재 수원과학대학 비서행정과 겸임교수

◆ 주요연구
- "진로장벽, 진로결정 자기효능감이 진로준비행동에 미치는 영향에 관한 연구
  - 전문대학 비서학 전공생을 중심으로 -"(2008)

◆ 저서
- 현대사무관리 실무론, 대영문화사, 2008.

비서실무 Workbook

2010년 3월 5일 초판1쇄 발행
2013년 2월 10일 초판2쇄 발행

저자와의
협의하에
인지생략

저 자 홍순이·조영아·유미정
펴낸이 임 순 재
펴낸곳 한올출판사
등록 제11-403호
121-849
주 소 서울시 마포구 성산동 133-3 한올빌딩 3층
전 화 (02)376-4298(대표)
팩 스 (02)302-8073
홈페이지 www.hanol.co.kr
e-메 일 hanol@hanol.co.kr
정 가 12,000원

▪ISBN 978-89-8325-411-5